예수 나라 옴니버스 4번

예스 4,

희망의 나래

임동훈 지음

북랩 book Lab

글머리에

『예스 1, 휴먼 드라마』, 『예스 2, 소망의 불씨』, 『예스 3, 밀알의 소명』에 이어서, 이제 『예스 4, 희망의 나래』가 세상의 빛을 보게 되었다.

예수나라 옴니버스는 저자의 기구하고 구차한 인생을 통해 하나님께서 보여주신 영성 이야기다. 기도와 묵상, 환상과 꿈, 신비한 체험, 이웃의 간증, 자연 환경 등을 통해 지금도 계속 주어지고 있다.

우리의 구원을 위한 하나님의 영성 이야기는 예수 그리스도의 사랑과 은혜에서 비롯된다. 영성과 사회성은 동반하기 마련인바, 항상 성경적이고 모범적이다. 따라서 참 영성은 독선적 신비주의에 빠지지 않는다.

하나님의 계시는 너무나 신비하고 놀라워 우리가 다 알 수 없다. 사람이 만든 공식이나 법칙에 적용할 수도 없다. 무슨 이야기에 비유하거나 대비하기도 어렵다. 하지만 우리의 필요에 따라 언제 어디서나 무한정 다가온다. 우리의 마음 문을 활짝 열고 받아들여야 한다.

하나님께서는 누구에게나 최선의 방법으로 소통하기를 원하신다. 우리의 영성이 깨어 있느냐, 자고 있느냐의 차이만 있을 뿐이다. 영성이 풍부해야 구원의 확신을 얻어 누릴 수 있다.

우리는 하나님의 지극하신 사랑과 예수님에 의한 구원의 은혜를 사모하며, 내주하시는 성령님과 교통하기를 배워야 한다. 주님은 우리와 흉금을 털어놓고 항상 대화하기를 원하신다.

건전한 교훈은 복되신 하나님의 영광스러운 복음에 맞아야 합니다. 나는 이 복음을 전할 임무를 맡았습니다. (디모데전서 1. 11)

2017. 7. 26
예수나라 청지기

차 례

제20편 사랑과 용서 / 161

찾아보기 / 217

제16편

흙탕물 정화

502. 해맑은 마음

골방에 틀어박혀 홀로 살아가고 있었다. 공간이 좁아 화장실이 대부분을 차지했다. 칸막이도 없이 변기 옆에서 먹고 자며 지냈다. 방이라기보다 화장실에 가까웠다. 게다가 변기는 늘 더러웠다. 하지만 큰 불편은 없었다. 아무 생각 없이 그저 성경공부만 열심히 했다.

그러던 어느 날 외출할 일이 생겼다. 외출하기 전에 먼저 화장실을 깨끗이 청소했다. 물 호스로 구석구석 씻어내고 물을 내렸다. 그리고 방문을 활짝 열었다. 아침햇살에 눈이 부셨다. 그때 불신자 친구로부터 전화가 왔다.

"'세상 방식'이란 놈이 10억을 해먹고 날랐지 뭐야?"

그 말을 듣고도 나는 예전과 달리 여유가 있었다.

"하지만 그것도 이미 지난 일이니 어찌하겠는가?"

이렇게 말하고 아랑곳하지 않았다. 그때 내 마음속에 주님의 평화가 우러나왔다. 그와 관련이 없지는 않았으나, 오랜만에 찾아온 해맑은 마음을 과거의 주름살로부터 지키고 싶었다. (2005. 6. 19. 주일)

너는 가서 히스기야에게 전하라. 네 조상 다윗의 하나님 여호와가 네 기도를 들었고, 네 눈물을 보았다. 내가 네 목숨을 15년 더 연장하겠다. (이사야 38. 5)

503. 새로운 40일

120일간의 기도를 마치는 날 새벽이었다. 내 입에서 이 말이 자꾸 튀어나왔다.

"새로운 40일을!"

그 순간 나는 어리둥절했다.

"아니, 이게 무슨 소리야? 40일간을 3번에 걸쳐 기도하고 마치는 날, 아직 그 은혜를 맛보기도 전에, 다시 40일을 기도하란 말인가? 아니지, 그럴리가 없어! 또 부담을 주시진 않을 거야.

그동안 나는 알게 모르게 힘든 싸움을 했어. 지난 120일간 숱한 부담을 느꼈어. 이제 어느 정도의 휴식이 필요해. 어차피 나는 소금언약에 의해 평생을 기도하잖아? 그래, 그냥 부담 없이 기도하자. 그게 낫겠어."

이렇게 자위하며 잊으려고 했다. 그런데 어제 저녁, 잠자리에 들기 전, 또 그 부담이 왔다.

"아, 새로운 40일을 다시 기도해야 하는가? 그게 하나님의 뜻이라면 어찌하겠는가? 그러면 6월 20일부터 7월 29일까지가 되는구나. 하지만 나는 어차피 새벽기도를 하지 않는가? 별도로 날짜를 따로 정해 부담을 가질 필요는 없지 않은가? 그래, 더 이상 부담 갖지 말고 자유롭게 기도하자. 맞아, 아무리 생각해도 그게 좋겠어."

하면서 잠자리에 들었다. 그런데 자정이 지나 잠에서 깨어난 후, 통 잠을 이룰 수가 없었다. 그때 성령님의 감동이 물밀듯 밀려왔다.

"남은 과제를 위해 새로운 40일을!"

그때 자리에서 벌떡 일어나게 되었다.

"그래, 이건 분명히 하나님의 뜻이야! 하나님의 일에 전념하라고! 남은 과제를 청산하라고! 하나님께서 새로운 40일을 기도하라고 시키시는 것이야. 그렇다면 다시 시작해야지. 더 이상 우물쭈물할 수가 없어!

그래, 맞아! 내 여생을 온전히 바치기 위해! 내 모든 과제를 깨끗이 청산하기 위해! 내 모든 문젯거리를 말끔히 해소하기 위해! 주님이 허락하신 신령한 은혜를 누리기 위해! 이제 다시 시작하는 거야. 새로운 40일을!"

(2005. 6. 20)

504. 주님의 평화

초등학교 다닐 때, 1966년쯤 어느 주일로 짐작된다. 아랫마을에 허름한 판잣집 교회당이 있었다. 마룻바닥에서 예배를 드렸다. 얼굴이 동그랗고 키가 작은 30대 중반의 여 집사님이 예배를 인도했다.

교회에 할머니 집사님과, 초등학교를 졸업한 5년 선배 형과, 중학교 1학년 누나가 있었다. 그리고 나와 같은 애들이 함께 예배를 드렸다. 아이들은 10명을 넘지 않았다.

그해 초여름, 열어놓은 창문으로 시원한 바람이 불어왔다. 예배가 끝난 뒤 분반 공부가 있었다. 남학생이 한 반, 여학생이 한 반이었다. 남학생은 형이, 여학생은 누나가 반사를 맡았다.

그때 나는 그 형의 얼굴에서 주님의 평화를 보았다. 창가에 서서 하늘을 우러러 보던 그에게 드리운 평화가 지금도 눈에 선하다. 난생처음 보는 황홀함이었다. 나는 어렸고 주님을 몰랐으나, 세상에서 볼 수 없는 그윽한 평화가 그를 감싸고 있었다.

그리고 40년이 지났다. 이제 그 평화의 주님을 조금이나마 알 듯하다. 살아도 주를 위해 살고, 죽어도 주를 위해 죽을 듯하다. 감사함으로 살다가 감사함으로 주님의 품으로 돌아갈 듯하다.

주께서 내주하시니 거듭난 듯하고, 성화의 문으로 들어선 듯하다. 지극히 작은 죄도 용납하지 않을 듯하다. 이제야 주께서 내 죄를 씻어주신 듯하다.

참으로 주님이 감사하다. 이 못난 죄인을 구원하시려고, 그동안 그 힘든 고난의 가시밭길을 걷게 하셨는가 보다. (2005. 6. 22)

주께서 밭고랑에 물을 흠뻑 대어 주시고, 밭이랑을 고르게 펴시며, 소나기로 부드럽게 하시고, 그 싹에 복을 주십니다. … 초지가 양들로 옷 입었고, 골짜기도 곡식으로 뒤덮였습니다. 그들이 기뻐 외치며 노래합니다. (시편 65. 10, 13)

505. 십의 삼조

지난 6월 20일 밤에 '황금 구원'이 전화하기를, 서둘러 땅을 계약하여 부인에게 많은 질책을 받았다고 했다. 그리고 그 땅을 보러 가겠다고 했다. 나는 월, 수, 토요일에 시간이 있다고 했다. 그러자 22일 수요일 아침에 일찍 출발하자고 했다.

그리고 6월 21일 밤 11시에 또 전화가 왔다. 자다가 일어나 받아보니 '황금 구원'이었다.

"집사람이 갑자기 일이 생겨서요, 나 혼자 가게 됐어요. 그런데 거기 가

봤자, 여기가 내 땅이라고 구분되어 있는 것도 아니고, 안 그래요? 허허벌
판에 가보면 뭐 하셨어요? 집사람한테는 간다고 하고 그냥 여기서 일하고
있을 테니, 집사람한테 설명할 자료나 가지고 내일 오후 3시쯤 오세요."

그래서 다음 날인 어제, 22일 오후에 그를 방문했다. 그는 아파트 관리
실 기사로 근무하면서, 쉬는 날은 정비공장에서 아르바이트를 했다.

정비공장 주인은 1994년부터 내가 알고 지내는 사람이다. 최초로 자동
차를 구입하여 보조 페달을 달기 위해 물어물어 찾아갔다. 그는 양다리를
못 쓰는 1급 장애인이었다.

오후 3시경 정비공장에 가니 그들 두 사람이 일하고 있었다.

"수고 많으십니다."

"예, 저는 지금 화천에 가 있는 겁니다. 하하하."

그가 호탕하게 웃으며 아내에게 전화했다.

"지금 화천 갔다가 왔어. 우리가 집으로 갈까, 아니면 당신이 이리로 올
거야?"

그가 한참 통화하다가 말했다.

"일단 자료를 주세요. 내가 가지고 가서 얘기하고, 돈을 받아오겠습니다."

그래서 나는 오전 중에 준비한 브리핑 자료와 현장 사진 및 이전 서류를
건네주면서, 다시 한 번 차근차근히 설명해주었다.

그러자 그가 외출복으로 갈아입고, 현장을 다녀온 듯이 꾸며 집으로 갔
다. 그리고 얼마 후 돌아와 4천만 원짜리 수표 2장을 건네주었다. 그때 나
는 그 수표가 40일 기도의 열매로 보였다.

"나머지 3천만 원은 애들 명의로 된 적금을 해약해야 하니, 아무 걱정하
지 말고 등기필증을 가지고 오세요. 그때 드리겠습니다. 그리고 이제 우리
처도 교회에 나가게 되었어요. 동생이 예수 믿거든요."

"아, 그래요! 무엇보다도 반갑네요. 예수님을 믿으면 인생이 바뀝니다."

"예, 그렇지요."

"그런데, 사모님보다도 기사님이 먼저 교회에 나가셔야 합니다. 그래야 온 가족이 구원을 받습니다."

"그래야지요."

참으로 감사한 일이었다. 하나님께서 함께하심이 분명했다. 나를 구원하시기 위해 그들을 먼저 구원하셨으니, 그들을 더욱 축복해달라고 기도했다.

그리고 오늘 아침, 다시 한 번 서원을 잊지 말라는 주님의 말씀을 받았다. 내가 환난 때에 내 입으로 약속한 것이니, 반드시 서원을 지키라는 것이었다.

"오, 주여! 모든 빚을 갚고 정금같이 나올 때, 십의 삼조를 드리기 원합니다. 나아가 십의 사조, 십의 오조를 드리다가, 십의 십조를 온전히 드리며 주의 길을 가기 원합니다." (2005. 6. 23)

506. 불길

새벽예배를 드리고 기도할 때, 주님의 성령이 내 속에서 나오더니 불길같이 임하셨다. (2005. 6. 24)

저는 가난하고 구차합니다. 주여, 저를 생각하소서. 주는 저의 도움이시요, 건지시는 분이시니, 나의 하나님이시여, 지체하지 마소서. (시편 40.17)

507. 감독

어느 교회에서 속옷만 입은 상태로 주의 일을 하고 있었다. 그때 '바르고 거룩한 주의 종'이 찾아와 악수를 청했다. 나는 일어날 수가 없어 무릎을 꿇고 악수했다.

그리고 무슨 문서를 보니 감독과 학생으로 크게 구분되어 있었고, 감독은 다시 1, 2, 3으로 세분되어 있었으며, 그 3번째 칸에 내 이름이 있었다.

학생도 역시 1, 2, 3으로 나뉘어 있었다. 첫째 칸에 '신학생'이라 씌어있었고, 나머지 두 칸은 공란이었다. (2005. 6. 26. 주일)

508. 분노

긴 여행을 하고 있었다. 순탄한 길보다 힘들고 어려운 길이 더 많았다. 걸어가다가 자전거를 타기도 했고, 차를 몰고 신나게 달리기도 했다. 그러다가 버스를 타고 '물같이 흐르는 길'에 이르렀다. 그때 정체가 심했다.

버스가 샛골목으로 들어갔다. 운전기사가 지름길을 아는 듯했다. 하지만 그 길은 좁고 복잡했다. 자전거와 손수레가 많았다. 길에 임자 없는 손수레 한 대가 나뒹굴고 있었다. 그걸 치운 뒤 빠져나갔다.

그렇게 목적지에 도착해보니, 그동안 내 길을 방해한 것으로 보이는 아이가 태연하게 앉아있었다. 겉모습은 순진해 보였으나 속은 사악했다. 분노가 치밀어 도저히 그냥 둘 수가 없었다.

"이놈아, 너 때문에 내가 얼마나 고생했는지 아느냐?"

그리고 귀싸대기를 왕복으로 후려치고 얼굴을 쥐어박았다. 하지만 아이는 아무 반응이 없었다. 그저 때리는 대로 맞다가 그 자리에 거꾸러졌다.

아이가 이상하여 내려다보았더니 누가 볼 새라 잠시 눈을 떴다가 도로 감았다. 아이는 속이 멀쩡했으며 이렇게 생각하고 있었다.

"분노가 가라앉을 때까지 잠시만 참고 기다리자." (2005. 6. 29)

509. 깨달음

"오, 주여! 감사합니다. 이 못난 종을 기가 막힐 웅덩이에서 건져주셨습니다. 이제 주님의 권능으로 사명을 주시니 감사합니다. 7월이 오기 전에 모든 빚을 갚아주셨습니다. 일찍이 종에게 보여주신 계시를 어김없이 이루어주시니 감사합니다." (2005. 6. 30)

주여, 제 기도에 귀를 기울이시고, 주의 말씀대로 제게 깨달음을 주소서. (시편 119. 169)

510. 성전

"할렐루야! 주님을 찬양합니다. 주님의 은혜로 2005년 7월을 맞이했습니다. 1980년부터 이어진 25년간의 노예생활에서 완전히 벗어났습니다." (2005. 7. 1)

주님이 영원히 계실 성전을 제가 지었습니다. (역대하 6. 2)

511. 관광길

어머니와 함께 금강산 관광길에 올랐다. 어느 곳에 이르자 천하의 절경이 한눈에 보였다. 그림 같은 산 위에 병풍 같은 산이 또 있었다. 그 꼭대기는 하늘에 닿은 듯했다.

그런데 내 차는 힘이 없었다. 더 이상 가파른 산길을 오르지 못했다. 차를 세워둔 채 어머니를 등에 업고 산을 오르기 시작했다. 그렇게 세상에서 둘도 없는 그 높고 아름다운 산에 올랐다.

수많은 관광객이 오가고 있었다. 나무 그늘 벤치와 카페가 있었다. 그 입구에 인위적으로 물을 뿌려 만든 얼음덩이가 있었다. 얼음이 서서히 녹으면서 흘러내리는 물을 보니, 피 같은 붉은 색이 섞여있었다. 하나의 예술품이었다. 전능하신 분이 만들어놓은 것이 아닌가 싶었다.

산 정상에서 잠시 휴식을 취한 뒤, 올라온 반대편 길로 내려갔다. 푸른 강과 넓은 호수가 보였다. 모든 것이 절경이요, 한 폭의 그림이었다. 조금 더 내려가자 작은 개울이 나왔다.

거기 약간 비탈진 언덕이 있었다. 쉽게 올라갈 수가 없어 보였다. 하지만 그 순간, 나도 모르게 그 비탈길을 올라가 넓은 길 가운데 서 있었다. 바로 앞에 쉴 만한 휴게소가 보였고, 큰 숲으로 둘러싸여 있었다.

그때까지 나는 여전히 어머니를 업고 있었다. 어머니를 묶은 끈이 풀려 잠시 등에서 내렸다. 어머니가 뒤돌아보며 말했다.

"그런데 얘들은 어디쯤 오고 있는지?"

내 동생과 누이들도 함께 관광을 나섰다. 하지만 숱한 사람들 틈에서 어디쯤 오고 있는지 궁금했기 때문이다. 그러나 나는 조만간 모두 합류할 것이라 믿고 있었다.

새벽기도를 마치고 돌아와 의자에 앉아 눈을 감았더니 다시 환상이 보였다. 어떤 분이 일꾼을 불러 모은 뒤 간단한 주의사항을 들려주고, 바구니 한 개씩을 나눠주며 일터로 보냈다. 그러자 그들은 바구니를 옆에 끼고 추수할 밭으로 들어갔다.

그들 가운데 '꿀벌'도 있었다. 누렇게 익은 곡식 사이로 다른 일꾼들과 함께 당당하게 들어가는 모습이 보였다. 옆에 낀 바구니를 보니 내가 가지고 다니는 성경책과 같았다. (2005. 7. 2)

너희가 죄를 지으면, 내가 너희를 여러 민족들 가운데 흩어버릴 것이고, 너희가 내게 돌아와 내 계명을 지키면, 너희가 포로로 잡혀가 하늘 끝에 있을지라도, 내가 그들을 불러 모아 내 이름을 위해 선택한 곳으로 데려올 것이다. (느헤미야 1. 8-9)

512. 동역자

오늘은 새벽예배가 없는 날이다. 4시에 일어나 옷장에 기대앉아 6시까지 기도했다. 그때 환상을 보았다.

어느 건물에서 엘리베이터를 타고 내려갔다. 갑자기 기우뚱하며 요동을 쳤다. 거기 악령이 있다는 사실을 깨달았다. 엘리베이터가 서자 재빨리 빠져나왔다.

그때 '민첩한 주의 종'이 그 광경을 지켜보고 있다가 엘리베이터로 당당히 걸어갔다. 엘리베이터 옆에 검은 망토를 걸친 귀신이 있었다. 그가 귀신을 내리치자 요리조리 피했다.

그런데 그 뒤에도 검은 망토를 걸친 애기 귀신이 있었다. 애기 귀신이 주의 종을 뒤에서 치려고 했다. 다급히 소리쳤다.

"위험해요!"

그러자 주의 종이 뒷발치기로 애기 귀신을 물리쳤다. 속이 다 시원했다. 그런데 내가 주의 종만 바라보고 있을 때, 또 다른 귀신이 내 옆에서 나를 노려보고 있었다. 나도 모르게 옆차기로 그 귀신을 물리쳤다. 귀신들은 생각과 달리 힘을 쓰지 못했다.

그러자 주변이 조용했다. 그때 아래층을 내려다보니, 흰옷 입은 천사가 무릎을 꿇고, 두 손을 모아 다소곳이 기도하고 있었다. 참으로 평화로운 모습이었다. 작고 가냘픈 천사가 얼마나 아름다운지 잠시 황홀경에 빠졌다.

그 순간 나도 모르게 내 입에서 이 말이 튀어나왔다. 돌아보니 환상에서 현실로 돌아와 실제로 기도하고 있었다.

"주여! 주께서 선히 여기시거든, 기도하는 저 천사를 동역자로 보내주소서." (2005. 7. 3. 주일)

주는 나의 도움이시라. (시편 40. 17)

주는 나의 하나님이시라. (시편 118. 28)

513. 동녀

오후 3시경, 포천을 다녀왔더니 피곤하여 의자에 기대 누웠다. 그때 동녀(童女) 하나가 사뿐사뿐 춤을 추면서 다가와 하나님을 찬양하였다.

"하나님의 은혜로 언제나 사뿐히 건너게 해." (2005. 7. 6)

514. 대머리

'복을 나눠주는 사람'을 생각하다가 거울에 비친 내 모습을 보고 깜짝 놀랐다. 그동안 바쁘게 살다가 보니 내 얼굴을 볼 기회가 없었다. 언제부턴가 초승달 형태의 대머리가 되어있었다.

"머리를 감을 때마다 머리털이 빠지더니 결국은 이렇게 되었구나. 대머리 값도 못 하는 주제에 이걸 어쩌나?"

그러면서 머리를 뒤로 넘겨보니 가마 뒤까지 벗겨진 정말 볼품없는 대머리였다. 하지만 가운데 머리가 무성하여 양쪽으로 쓰다듬어 넘기자 감쪽같이 가려졌다.

그렇게 대머리를 가리고 밖으로 나갔다. 다시 '복을 나눠주는 사람'이 생각났다. 빚을 내서라도 '복을 나눠주는 사람'을 영입해야 할지, 말아야 할지 고민이 되었다.

그때 옆을 보니, '순종하는 여인'이 '복을 나눠주는 사람'을 형제자매들에게 무상으로 나눠주고 있었다. 물론 나도 받게 되어 고민이 자연스럽게 해결되었다.

새벽기도 중에 찬송이 반복해서 이어지고 내 몸이 뜨거워짐을 느꼈다. 성령님이 감동하시는 대로 기도했다. 주님이 내 기도를 받으셨다는 믿음이 우러났다.

구주 예수 의지함이 심히 기쁜 일일세.

허락하심 받았으니 의심 아주 없도다.

예수 예수 믿는 것은 받은 증거 많도다.

예수 예수 귀한 예수 믿음 더욱 주소서.

오늘로써 새로운 40일 기도를 시작한 지 20일이 되었다. 지난 4월 5일과 5월 5일, 그리고 6월 4일에 이어서, 오늘도 주님의 감동이 있어 기도원으로 올라갔다.

내 기도실 옆에서 한 자매가 악을 쓰며 기도하고 있었다. 꽥꽥거리다가 구역질을 하기도 했다. 그때 비가 내려 습기가 많았다. 자매가 기도실 문을 열어놓고 기도하는 바람에 나와 자연히 부르짖음의 경쟁이 되었다.

우리는 서로 뒤질세라 열정적으로 소리쳤다. 내가 소리를 높이면 자매도 높였고, 내가 차분하면 자매도 차분했다. 내가 찬송하면 자매도 찬송했고, 내가 쉬면 자매도 쉬었다. 예배시간이 가까워 기도를 마치려고 했더니, 자매의 방언이 들려왔다.

"더더 더더…"

"그래, 그러면 더 해야지."

그리고 다시 기도하기 시작했다. 순간 내 몸이 다시 뜨거워졌다. 내 과제를 주님이 맡아주신다는 확신이 들었다. 주님의 권능이 내게 미친다는 믿음이 생겨났다. 하나님께서 친히 내게 안수하신다는 감동이 일어났다.

(2005. 7. 9)

사람은 이 일을 할 수 없으나, 하나님은 무슨 일이나 다 하실 수 있다.

(마태복음 19. 26)

한 새댁이 연거푸 임신하고 출산하기를 반복했다. 결혼한 지 4년 만에 아이 4명을 낳고 또 임신했다. 아직 아이 2명은 젖을 떼지도 못한 상태였다. 하나는 안고, 하나는 업고 길을 가면서, 임신하여 툭 튀어나온 배를 보니 안쓰러운 마음이 들었다. 그래서 한마디 했다.

"피임할 생각이 없느냐? 생기는 대로 다 낳을 작정이냐?"

그때 내 가족으로 보이는 자매가 함께 가다가 말했다.

"남의 일에 왜 참견해요? 하나님의 뜻이 어떠하신지 어떻게 알아요?"

그리고 어느 곳에 이르자 식물원이 보였다. 입구에 초승달 모양의 큰 화분이 있었다. 그 안에 떡갈나무를 비롯하여 여러 식물이 자라고 있었다.

아래쪽에 호랑이가 있었다. 덩치는 작았으나 맹수의 기질을 그대로 갖고 있어 사나워 보였다. 애완용으로 키우기에는 부담이 되었지만, 식물원 주인의 권유로 다가가 등을 쓰다듬어 주었다. 생각보다 온순했다.

그런데 호랑이 꼬리에 살아있는 강아지 머리가 달려 있었다. 그 강아지 머리가 여기저기 냄새를 맡으며 가다가 개집으로 쑥 들어갔다. 몸은 호랑이였으나 꼬리에 달린 강아지 머리로 인해 개가 되었던 것이다. (2005. 7. 10. 주일)

"이보게, 하나님께서 바로잡아 주시는 사람은 복이 있다네. 그러니 전능하신 분의 훈계를 거절하지 말게." (욥기 5. 17)

516. 붉은 기운

강 옆으로 이어진 너럭바위를 따라가며 물속을 내려다보았다. 훼방꾼 하나가 물속에서 나를 따라오다가 돌을 던지기 시작했다.

그런데 그 돌이 너무 커서 내게 미치지 못하고, 공중으로 조금 떴다가 자기 머리 위에 떨어졌다. 순간 이런 생각이 들었다.

'저 훼방꾼이 지금은 물속에서 허우적거리고 있으나, 언젠가 육지로 올라와 나를 괴롭힐지 모르니 아예 멀리 떠나도록 하자.'

그리고 산속으로 달아나기 시작했다. 한참 가다가 보니 갈림길이 나타났다. 가급적 흔적을 남기지 않으려고 애썼다. 하지만 그 훼방꾼이 따라온다는 낌새는 느낄 수 없었다.

얼마 후 잔잔한 호수와 쉴 만한 그늘이 있는 야영지에 도착했다. 거기 이사장 부인이 있다가 4장의 도면을 보여주며 학교가 이사할 것이라고 했다.

그 후 시골 본가에 갔더니, 어머니가 부엌에 있다가 지금 곧 이사한다고 했다.

'음, '붉은 기운'이라는 사람이 쓰겠다고 한 모양이군.'

그렇게 생각하며 마당으로 나가보니, 벌써 이삿짐이 쌓여있었다. 화단에 버려진 빈 병까지 깨끗이 치워지고 없었다. (2005. 7. 11)

517. 가증

내게 5가지 설교 원고가 주어졌다. 그런데 4번째 제목이 '가증'이었다.

"어쩌면 '가정'이 '가증'으로 잘못 쓰였을 수도 있겠지."

하면서 다른 제목을 보았더니, 2번째 제목도 '가중'이었다. 이상하게 생각되어 아래 각주를 보니, '가정이 회복된 증거'라고 설명되어 있었다. (2005. 7. 12)

518. 작정헌금

긴 테이블에서 4명씩 마주 앉아 8명이 회의를 했다. 내 앞에 한국 최고 의 재벌총수가 있었다. 그때 무엇을 위한 작정헌금 신청서를 받았다. 그것 이 내게만 주어졌다.

내가 신청서에 사인하자 맞은편에 앉은 총수도 한 장을 달라고 했다. 그 러나 신청서가 없었다. 그래서 내 사인을 지우고 그것을 건네주었다.

그리고 회의가 끝나 밖으로 나가려고 했다. 그때 총수의 부인이 나를 불 러 갔더니 돈을 빌려달라고 했다. 지갑을 펼쳐보니 너덜너덜한 천 원짜리 몇 장이 있었다. 빌려줄 돈이 없다고 하려다가, 통장에 다소간의 잔고가 있음을 기억하고 물어보았다.

"얼마나 필요하신데요?"

"230만 원요."

순간 깜짝 놀랐다. 생각 밖으로 많은 돈이었기 때문이다. 없다고 하려다 가 여기저기 달달 긁어모으면 가능할지 모른다는 생각이 들어 다시 물어 보았다.

"은행에 가서 찾아다 드릴까요?"

"아니에요, 이미 회장님께 사람을 보냈어요. 아, 저기 벌써 오고 있네요."

(2005. 7. 14)

519. 삼중고

주의 길을 가고 있었다. 바로 앞에 목적지가 보였다. 좋은 차를 타고 휘파람을 불며 신나게 달려갔다. 그런데 왠지 지지부진했다. 무슨 영문인지 몰라 애를 태웠다.

아닌 게 아니라 어느새 자동차가 자전거로 바뀌어있었다. 차를 타고 갈 때 없던 부담이 새로 생겼다. 더군다나 내 뒤에 낯선 사람이 2명이나 타고 있었다. 자동차에서 자전거로, 자전거 뒤에 두 사람이, 그리고 오르막길까지 겹쳐 그야말로 삼중고를 겪었다. 그러다가 완만한 내리막길이 나타났다.

"이제야 부담을 조금 들게 되었구나!"

하면서 아래로 내려갔다. 그런데 여전히 힘이 들었다. 자전거에 브레이크가 잡혔다. 내리막길에도 힘들게 페달을 밟아야 했다. 그렇게 가다가 보니 오르막 계단이 나타났다. 그 계단만 오르면 목적지가 나올 듯했다.

자전거 뒤에 탄 두 사람은 내려서 걸어가고, 나는 자전거를 들고 계단을 오르기 시작했다. 그때 오히려 날아갈 듯이 홀가분했다. 마지막 부담이라 생각하고, 긴 숨을 쉬며 주변을 살펴보았다. 바로 옆에 자전거가 다니는 길이 있었다. (2005. 7. 24. 주일)

520. 분리된 구슬

'봄날의 방식'과 함께 주의 길을 가다가 보니, '분리된 구슬'의 마음이 나뉘어 우왕좌왕하고 있었다. 주옥같이 아름답고 수정같이 깨끗하던 자매가,

어찌하여 창기의 길을 가게 되었는지 정말 마음이 아팠다. 그 자매는 내 인척이었다. 내 옛집, 곧 주막에 기거하고 있었다. '봄날의 방식'이 물었다.

"어찌 된 일이냐? 네 언니가 죽었다는 소식을 듣고도 보이지 않고?"

하지만 자매는 묵묵부답이었다. 그 말을 듣고 나는 연민의 정이 느껴졌다. 얼마 후 다시 자매를 찾았다.

"이왕에 이렇게 되었으니 돈이라도…."

하면서 자매가 말끝을 흐렸다. 그 말을 들으니 더욱 마음이 아팠다. 그래서 일단 밖으로 나오라고 했다.

"일단 아래채로 가자. 그리고 나와 잠시 얘기하자."

그때 내가 주의 종이라는 사실을 깨달았다. 일찍이 나는 이렇게 맹세했다.

'주님, 주님이 저를 사 주십시오. 그리고 주님의 종으로 사용하여 주십시오. 그렇지 않으면 부자의 종으로 팔릴 수밖에 없습니다. 이제 더 이상 방법이 없습니다. 제 빚을 정리할 마지막 길입니다. 주님이 제 빚을 갚아주시고 저를 사 주신다면, 제 인생을 통째로 바치겠습니다.'

"아, 그랬었지. 정말 그랬어! 내가 이래서는 안 되지. 나는 이미 주님께 팔린 자, 주님의 종이 아니냐? 종이 어찌 주인의 승낙도 없이 마음대로 할 수 있으리." (2005. 7. 25)

521. 네가 누구냐

지난밤 일찍 잤다가 자정을 약간 넘겨 일어났다. 과제를 작성하다가 샤워하고 새벽예배에 참석했다. 거의 밤을 새웠으나 오늘은 특별한 날이라 피곤치도 않고 기분도 상쾌했다.

그러니까 시난 2월 중순부터 시작한 사순절 40일 기도를 시작으로, 주님의 인도하심에 따라 40일, 40일, 40일간의 기도를 오늘 모두 마치게 되었다. 40일 기도를 4차례에 걸쳐 160일간 드렸다.

하지만 내 마음 한구석에는 여전히 근심과 걱정이 자리를 잡고 있었다. '기도하자!' '인내하자!' '청산하자!'라는 제목으로 4차 40일 기도를 마치게 되었으나, 눈에 보이는 표적이 없었기 때문이다.

지난번과 같이 눈물과 콧물로 회개시킨 일이라든지, 전혀 생각지 않은 신학교에 편입시킨 일이라든지, 지난 25년 반 동안 잠시도 떠나지 않은 빚을 하루아침에 갚아주신 일과 같은 기적이 없었던 것이다. 그러나 주님을 향한 소명감과 열정만은 심어주신 듯하다.

그럼에도 시간이 지날수록 피로감이 찾아오고 근심·걱정이 다시 밀려왔다. 다동 상가의 근저당이 자매의 명의로 그대로 있었기 때문이다. 9,500만 원이나 되는 대출금 만기는 다가오고, 소유권은 이전되었으나 주인은 채무승계를 거절하니, 이걸 어쩌란 말인가?

눈을 지그시 감고 적막강산의 허공을 바라보았다. 그때 성령님의 감동으로 다가오는 주님의 음성이 있었다.

"네가 누구냐?" (창세기 27. 18)

"예? 저는 주님의 종입니다."

"그렇다면 왜 내 말을 듣지 않느냐?" (예레미야 25. 8)

"제가 언제요?"

"마음에 근심하지 말라." (요한복음 14. 1)

"아! 예."

"네가 입술로만 나를 공경하고 있다." (마태복음 15. 8)

"주여, 믿음 없는 저를 도와주소서!"

"내가 하는 일을 보고 나를 믿어라." (요한복음 14. 11)

"주님, 제가 잘못했습니다. 저를 용서해주십시오. 이제는 정말 주님의 말씀만 믿고 따르겠습니다." (2005. 7. 29)

522. 상담 공부

새로운 40일 목적 기도를 마쳤다. 가시적 효과보다 더 큰 은혜를 받았다. 주님의 말씀에 따라 주님만 붙잡고 살겠다는 다짐이었다. 그때 세상만사의 근심·걱정이 다 사라진 듯했다. 마음이 한결 가벼웠다.

그리고 오늘 6개월간의 기독교 상담학 과정을 마쳤다. 목사님에게 약간의 성의를 표하고 돌아왔더니 더욱 기분이 좋았다. (2005. 7. 31. 주일)

523. 교단

새로 지은 교회당에서 새벽예배를 드렸다. 억수같이 쏟아지는 비가 은혜로 다가왔다. 교회를 옮기는 문제로 기도하자 주님께서 평화를 주셨다.

이제 8월이 되었으니 그 약속을 지키라는 것이었다. 신학교 소속 교단의 교회로 옮기라고 하였으나, 나는 목적 기도 중이라는 이유로 계속 미루고 있었다. (2005. 8. 1)

524. 새벽예배

오늘부터 새벽예배를 직접 인도하기 시작했다. 나 스스로 말씀을 전하며 기도했다. 앞으로 계속 새벽예배를 드려야 한다고 생각하며 알람을 4시로 고정했다. (2005. 8. 2)

525. 천사표

개신교에서 천주교로, 천주교에서 불교로 개종한 여인을 만났다. 시내에서 일을 보고 비가 와서 집까지 데려다주었다. 저녁을 먹고 가라고 했더니, 작은 식당은 지저분해 싫다고 하면서 아는 곳으로 안내했다.

그때 누구나 구세주가 필요하다는 사실을 설명했으나, 그녀는 사실을 인정하면서도 마음은 돌같이 굳어있었다. 온통 자기 생각으로 가득 차 있었다. 교회도 좋고 예수님도 좋지만, 목사님이 너무 싫다는 것이었다. 집으로 돌아오면서 마음이 불편했다. 성령님께서 책망하시는 듯했다.

"그녀는 부자요, 너는 빈자가 아니냐? 그런데 네게 일을 시키고 약속한 여비도 주지 않았지 않느냐? 언제까지 비굴하게 굴면서 대접만 할 작정이냐? 잠시라도 내게 물어보고 맡겼다면, 내가 인도했을 게 아니냐? 그토록 많은 실패와 좌절을 맛보고도 왜 아직 내게 맡기지 않느냐?

사람들이 너를 천사표라고 부르는 것이 무슨 의미인지 아직도 모르겠느냐? 내가 너를 불러 세웠건만, 너는 왜 나를 믿지 못하느냐? 너는 늘 '예수 내주(內住)! 예수 내 주(主)!'라고 하면서, 어찌하여 나를 그렇게 쉬 잊어버리느냐? 그러니 어찌 하나님의 징계를 피할 수 있겠느냐?"

그때 자동차 엔진에서 심한 소음이 들리기 시작했다. 집에 거의 도착해 소리가 들렸던바, 그냥 주차장까지 타고 들어가 견인차를 불렀다. 성령님의 책망이 있은 뒤 일어난 일이라 더욱 마음이 언짢았다.

얼마 후 견인차가 도착했다. 크랭크축이 빠져 쇳가루가 날린다고 하면서 40만 원의 비용을 요구했다. 집에 들어가자 피곤함이 몰려왔다. 나도 모르게 불평불만이 튀어나왔다. 빚 청산 후 사라진 것으로 여겼던 조울증이 다시 찾아왔다.

"차를 바꾼 지 두 달도 안 돼 고장이라니, 그것도 40만 원이나?"

그때 '용의 구슬'이 한 말이 생각났다.

'엔진 소리를 들어 보니 잘 타야 3, 4개월 버티겠군.'

지난 두 달 동안 차량 할부금이 나가지 않아 얼마나 좋다고 생각했는가? 수입은 없고 비용만 나가는 처지니 다시 빚을 질 수밖에 없지 않았는가?

이런저런 불편한 심기가 내 영혼을 짓눌렀으나, 너무 피곤하여 잠시 기도하고 잠자리에 들었다. 2시에 일어나 눈만 멀뚱멀뚱하고 있었다. 그때 이런 말이 들리는 듯했다.

"'기도하라!' 하시니 기도하라!"

그래서 벌떡 일어나 기도하기 시작했다.

"하나님 아버지, 어찌하여 저를 이렇듯 권고(眷顧)하십니까? 먼지 같은 존재를 지난 50년 동안 지켜주셨습니다. 주님 앞에서 그토록 다짐하고 또 다짐하였으나, 저는 여전히 주님을 외면하고 살았습니다. 하지만 주님께 아뢸 때마다, 그것이 무엇이든, 은연중 저를 도와주셨습니다.

저는 분명히 보았습니다. 어느 때는 정말 절망적인 경우에도, 주님의 신비한 손길을 보았습니다. 그렇게 이제까지 단 한 번도 저를 떠나지 않으셨습니다. 그러나 저는 날마다 주님을 외면하고, 제 생각대로 살며, 이 핑계

저 핑계로 거짓말까지 서슴지 않았습니다. 저를 용서해주십시오."

며칠 전 토지 500평을 500만 원에 중개하면서 매수인에게 50만 원의 수고비를 받기로 했다. 그런데 매도인이 500만 원만 받는 조건이냐고 물었을 때 거짓말을 했다.

"여사님의 토지는 단기 매매로서, 제가 여사님을 대신해 양도신고를 해드려야 합니다. 그러니 약간의 비용이 들어갑니다. 20만 원은 주셔야 합니다."

"그렇게 하세요. 그러면 저쪽에서 수고비 많이 받으세요."

"저쪽에는 저쪽 중개인이 있습니다."

"그러면 20만 원만 받으면 되겠어요?"

"별로 한 일이 없으니 그 정도면 됩니다."

이렇게 쓸데없는 거짓말을 했다. 떳떳하게 말해도 될 것을 그랬다. 사실 양도신고에는 비용이 들어가지 않지만, 신청서를 작성하여 세무서에 제출하려면 한나절은 잡아야 한다. 그때 성령님의 책망이 있었다.

"그리스도인의 입에서 어찌 그런 거짓말이 자연스럽게 나올 수 있느냐? 그리스도를 거짓말쟁이로 만드는 게 아니냐? 그걸 어찌 옳다고 하겠느냐?"

"오, 주여! 제가 잘못했습니다. 제 위선을 용서해주십시오. 이제는 정말 거짓말하지 않겠습니다. 그리스도의 마음으로 예수님의 말을 하며, 예수님의 종으로 그리스도의 삶을 살겠습니다. 그리스도의 모습을 보이겠습니다. 예수님의 빛이 되고 향기가 되며 편지가 되겠습니다. 저를 용서해주십시오."

그러자 무겁던 마음이 가벼워졌다.

"감사합니다, 주님! 잘못을 저지르고 회개하기 하시니 감사합니다. 용서해주시니 감사합니다. 구원해주시니 감사합니다. 제 마음을 편하게 하시니 감사합니다.

주님, 회개할 수 있는 은혜가 은혜 중의 은혜입니다. 이제까지 제가 한 말이 부지중에 응답 되어 많은 어려움을 겪었습니다. 저에게 허락하신 귀한 은혜였습니다. 그 크신 주님의 사랑을 깨닫게 하시니 감사합니다."

새벽 4시가 되자 다시 피로가 밀려왔다. 앉은 자리에서 그대로 비스듬히 미끄러졌다. 그때 환상이 보이기 시작했다. 정신을 가다듬고 눈여겨보았다.

어느 산기슭 오솔길을 따라 검은 옷을 입은 사람이 걸어가고 있었다. 자세히 지켜보았더니 위에서부터 옷이 벗겨지기 시작했다. 그러자 속에서 흰 옷이 드러났다. 그는 나 자신 같기도 하고 아닌 것 같기도 했다.

얼마 후 그가 입고 있던 검은 옷이 다 벗겨지자 흰옷 입은 사람으로 바뀌었다. 그가 내 앞을 유유히 지나갔다. 그때 벗겨진 검은 옷 속에 형체가 보이지 않는 또 한 사람이 있었다. 그가 검은 옷을 걸치고 바위 뒤쪽으로 사라졌다. 그러자 길에 깔려있던 문젯거리 두세 개도 사라졌다.

그리고 다시 보니, 길 아래 개울 쪽에서 자동차가 올라오고 있었다. 진흙더미 위에서 공회전을 하다가 다시 미끄러졌다. 불도저가 있어야 흙더미를 밀어내고 자동차를 끌어올릴 듯했다. 그때 길에 쌓여있던 흙더미가 순식간에 사라지더니, 마치 물청소를 한 듯 깨끗하고 평탄한 포장도로가 드러났다.

그러자 개울로 미끄러져 들어간 자동차가 다시 올라왔다. 그리고 90도 가까운 커브 길을 순식간에 돌아 총알같이 달려갔다. (2005. 8. 3)

526. 흰 종이

새벽기도를 마치고 묵상하다가 흰 종이 하나를 보았다. 그 안에 이런저런 글들이 씌어있었다. 그 내용은 기억할 수 없으나 무슨 계획서 같았다.

아래쪽에 주민등록번호 비슷한 숫자도 보였으나 뒷자리 '531145'만 기억에 남았다. 아무리 생각해도 그 의미를 알 수가 없었다. (2005. 8. 7. 주일)

527. 온천욕

새벽기도를 마치자 다시 흰 종이 하나가 보였다. 온천 개발에 따른 계획서처럼 보였다. 이어서 어느 산기슭에 판자와 천막으로 지어진 움막이 보였다. 사람들이 온천욕을 하려고 모여들었다. 시설에 비해 물은 상당히 좋은 듯했다.

그곳에 여러 개의 큰 플라스틱 통에 물을 받아놓았다. 한 사람씩 그 안에 들어가 목욕을 했다. (2005. 8. 8)

528. 주의 계획

오늘도 새벽기도 후 흰 종이가 보였다. 거기 글이 있었으나 글을 둘러싼 그림만 보일 뿐, 속에 있는 글은 보이지 않았다. 하지만 무슨 의미가 있을 것으로 여겨져 뚫어지게 바라보았다. 그러자 그림 속에 감춰진 글이 보이기 시작했다.

그 글을 다 읽어도 기억할 수 없다는 사실을 알고, 그중에서 한 문장이라도 온전히 기억하기 위해 차분히 읽어보았다.

'우리는 주의 계획에 따르는 주의 귀한 자녀들입니다.'

그래서 메모지에 기록하고 다시 눈을 붙였다. (2005. 8. 9)

529. 메시지

언젠가 큰 구원을 받았던 사람이, 기가 막힐 웅덩이에 빠졌다가 건짐 받은 후, 큰 강을 가로지르는 보 한가운데 서서 간증하고 있었다.

그때 까치 한 마리가 그의 사타구니 속에서 나오더니, 그의 왼쪽 팔뚝에 살짝 앉는 모습이 보였다. 그러자 그는 까치 등의 깃털을 젖히고, 그 속에 묶여있는 종이쪽지 하나를 뽑아 펴 보이면서 말했다.

"바로 이것입니다. 이게 나를 사망의 늪에서 구해준 메시지입니다."

그리고 무대가 바뀌면서 다시 환상이 보였다. 나지막하고 잘 조경된 야산이 눈앞에 나타났다. 그 산은 누군가를 기념하고 홍보하기 위해 조성한 것으로 보였으며, 한가운데 우뚝 선 간판에 꽃으로 장식된 글이 있었다.

"○○○ 목사 은사 집회"

그런데 그 글은 아무나 읽을 수 있는 평범한 글이 아니었다. 꽃 속에 감춰진 신비한 글이었다. 자세히 보지 않으면 아무도 알 수가 없었다.

그때 은퇴한 정치인 '태산준령'이 나타났고, 주변에 있던 자매들이 엎드려 머리를 조아리며 영접했다. (2005. 8. 11)

530. 장기 수술

내 장기를 검사하여 깨끗이 하는 수술을 받으려고 했다. 두 줄로 겹쳐 놓은 12개의 진단서를 보니, 크게 상처받은 흔적이 2개나 있었다. 그리고 우측 맨 아래쪽에 있는 장기는 다소 색깔이 변해 있었다.

하지만 의사는 암과 같은 큰 문제는 없다고 하면서 간을 떼어내었다. 그리고 수족관 같은 유리 속의 물에 몇 차례 흔들어 씻은 후, 보고 또 씻고, 보고 또 씻고 하더니 제자리에 갖다 붙였다.

그런데 그 유리관 속의 물은 깨끗하게 보였으나 속에 거북이가 살고 있었다. (2005. 8. 12)

531. 큰 뱀

한 아이가 나를 따라다니다가 마을 뒷산에서 잠이 들었다. 아이를 안고 집까지 데려다주었다. 동산 기슭에 있는 초가집이었다. 마침 그 아이 할머니가 돗자리를 깔고 뒤뜰에서 자고 있어 그 옆에 눕혀주었다.

그러자 어느덧 밤이 되었다. 주변이 캄캄해지면서 큰 위험이 다가오는 듯했다. 아닌 게 아니라 뱃가죽이 등에 붙은 큰 뱀이 나타나 돗자리 위에서 자고 있는 아이와 할머니를 해치려고 하였다.

나는 총으로 그 뱀을 쏘아 죽여야 한다는 생각이 들었다. 그때 뱀의 몸뚱이가 산산이 부서지며 허공에 날렸다. 주변이 환하게 밝아지면서 청년들이 자전거를 타고 산길을 내려왔다. 오솔길 주변의 등도 일시에 환히 켜졌다. (2005. 8. 19)

532. 청구서

모든 채무가 청산되어 길을 떠나려고 했다. 그때 할부금 청구서가 눈앞에 보였다. 그것이 미처 모르고 있는 나의 채무인지, 아니면 다른 사람의 채무인지 몰랐다.

나는 이미 모든 채무를 청산한 상태여서, 혹시 내 통장에서 인출되더라도, 사실이 확인되면 돌려줄 것이라는 생각이 들어 느긋했다.

그때 나와 함께 길을 떠날 자매가 어두침침한 집에서 주춤주춤하며 나오지 않았다. 그 자매가 어떻게 나와 함께 길을 떠나게 되었는지 모르지만, 아무튼 나와 함께 떠날 것으로 보였다. 자매는 주변 사람들에 의해 사모님이라 불렸다.

그런데 또 할부금 청구서가 눈앞에 보였다. 지난번 청구서의 잔액은 수백만 원이나 되었으나, 이번 청구서에는 마지막 할부금으로 31만 원이 청구되고 잔액은 제로였다. 하지만 그 원인을 확인할 생각은 없었다. 그저 무덤덤하게 할부금이 끝났으니 이제 되었다고 여겼다.

자매가 짐을 챙겨 떠날 채비를 하고 집을 나오는 모습이 보였다. 그 자매는 내가 잘 아는 사이는 아니었으나, 그동안 나에게 친절히 대해주었다.

그리고 자매는 내게 어떤 부담도 주지 않았다. 나의 동역자로서 손색이 없다고 생각했다. 그래서 상당히 오래 기다렸으나 조금도 불편하지 않았다. (2005. 8. 21. 주일)

533. 임도

낡은 구닥다리 차를 몰고 어느 계곡을 지나다가 보니, 산기슭에 임도(林道)를 만들고 있는 사람들이 보였다. 아직 잘 다듬지 않아 거칠기는 하였으나, 그런대로 지나갈 만하여 그 길을 따라 올라갔다.

그런데 길이 점점 가팔라지고 자동차의 힘이 달리기 시작했다. 덜커덩덜커덩하다가 결국은 차가 멈춰 서고 말았다. 비탈진 언덕이었으나 다행히 공간이 있어 거기 차를 세웠다.

그리고 잠시 걸어서 올라가 보니 그곳이 바로 산마루 정상이었다. 그래서 마음을 가다듬고 다시 차에 오르자, 어떤 사람이 앞에서 손짓하며 올라오라고 했다.

하지만 바로 앞에 에어컨 실외기 같은 장애물이 있었다. 손으로 그것을 가리키며 치워달라고 하였더니, 그냥 무시하고 오라고 하여 그대로 밀고 올라갔다.

그러자 내리막길이 쭉 이어졌다. 더욱 많은 사람이 길을 다듬고 있었다. 한참을 여유롭게 내려갔다. 하지만 얼마 안 가서 다시 길이 험해지기 시작하더니, 아예 차가 지나갈 수 없었다.

길 가운데 깊이 파헤쳐진 도랑이 있었다. 사람들 힘으로는 도저히 그 구멍을 메울 수가 없어 보였다. 포클레인으로 구멍을 메워도 산기슭의 흙이 부족할 것 같았다.

부득이 차를 두고 걸어 내려가게 되었다. 바로 앞에 길 다듬는 사람들이 또 있었다. 모두 열심히 일했다. 그들은 유능한 목수였다. 널빤지를 대패로 밀어 반듯하게 다듬듯이, 그렇게 길을 다듬으며 그 구렁텅이를 메우고 있었다. (2005. 8. 22)

534. 지혜로운 사람

지혜로운 사람과 어리석은 사람이 있었다. 지혜로운 사람은 나이가 어렸으나 장로였고, 어리석은 사람은 나이가 많았으나 직분이 없었다. 지혜로운 사람의 일은 다소 전문적이었고, 어리석은 사람의 일은 비교적 단순했다.

지혜로운 사람은 경력이 짧았으나, 어리석은 사람은 오랜 경험이 있었다. 지혜로운 사람은 매사에 긍정적이고 낙관적이었으나, 어리석은 사람은 항상 과제에 얽매어 노심초사했다.

어느 날 지혜로운 사람과 어리석은 사람이 각자 A4 용지 한 장에 빼곡히 적힌 과제를 가지고 있었다. 그때 나는 지혜로운 사람의 수하에서 책임자로 일했다. 그 과제를 내가 맡아 여러 사람과 함께 처리했다.

하지만 어리석은 사람은 그 과제를 아무에게도 맡기지 않았다. 자신이 직접 들고 다니며 해결하지 못해 애를 태웠다. 그 과제를 보니 쉽게 보면 너무나 쉽고 단순했다.

지혜로운 사람은 시종일관 과묵했으나 어리석은 사람은 잠시도 가만히 있지 않고 불평했다. 그러다가 스스로 근심·걱정에 휩싸여 제단 앞으로 나가 울기 시작했다.

어느 산으로 올라가고 있었다. 의족을 착용하지 않았다. 무릎을 발처럼 사용하고 돌부리를 징검다리 삼아 올라갔다. 간혹 아는 사람이 지나다가 인사도 하였으나 인사 받을 겨를도 없었다.

오직 올라가는 일에 몰두하여 주변을 살필 여유가 없었다. 한 다리로 두 다리 가진 사람을 따라가려면 그럴 수밖에 없었다. 그러자 두 다리 가진

사람을 제치며 한발 앞서 올라갔다. 그때 '토끼와 거북이'의 우화가 생각났다. (2005. 8. 25)

535. 청소(1)

한 사람을 데리고 이사할 집을 청소하러 갔다. 막상 일을 시작하고 보니 생각보다 힘들었다. 하지만 우리는 부지런히 일했다. 그때 '봄의 영화'라는 자매와 그 동생 '남의 손'이 와서 도와주었다.

그리고 신학교 학우들도 몰려와 반갑게 인사하고 거들어주었다. 그러자 청소가 아주 빨리 진척되었다. 그동안 수북이 쌓인 쓰레기 봉지들이 일시에 치워졌다.

"일손이 많으니 역시 좋구나!"

그리고 방 구석구석에 쌓인 먼지를 틀고 쓸어냈다. 집이 3채나 되고 큰 방도 여러 개 있어 간단치 않았다. 청소하는 사람들을 보니 모두 먼지를 뒤집어쓰고 검둥이가 되어있었다. 나도 예외가 아니었다.

"청소를 마치고 모두 샤워해야겠구나!"

실내 청소를 마치고 밖으로 나가 주변을 정리했다. 구석구석 쌓인 쓰레기를 치우고 태울 것은 태웠다. 그때 어떤 사람이 뱀까지 태워야 한다고 하면서, 뱀을 난도질하여 쓰레기와 함께 불구덩이 속에 던졌다.

"아무리 그래도 뱀을 태울 수 있을까?"

그리고 돌아보니 쓰레기더미 속의 불이 이글거리며 뱀뿐만 아니라 모든 것을 깡그리 태우고 있었다. (2005. 8. 27)

536. 정산

어느 인자한 사람의 지휘 아래 정산 업무를 수행했다. 그런데 수천 억 내지 수조 원에 달하는 금액이 차이가 나서, 이미 정산이 끝난 서류까지 꺼내 하나하나 교차검사하고 있었다. 그때 인자한 사람이 와서 물었다.

"아직 못 찾았는가 보네."

"곧 찾아 맞출 것입니다."

그때 나는 이미 내 서류철 검토를 마치고, 내 앞에서 다른 서류를 검토하는 직원의 모습을 지켜보고 있었다. 그 서류철도 거의 검토가 끝났다. 그러자 앞에 있던 청년 직원이 말했다.

"창고에 가서 뒤쪽 서류도 찾아볼까요?"

"그래, 그렇게 해."

뒤쪽 서류는 내가 이미 검토한 그 이전의 서류를 말했다. 얼마 후 서류를 검토하던 직원이 차액을 찾았다고 하면서 기뻐했다. 모두 3건의 오류가 있었다. 그 금액을 합치자 차액과 딱 들어맞았다. 그래서 그에게 말했다.

"우선 창고로 간 직원에게 알려줘." (2005. 8. 30)

제17편

희망의 나래

537. 성령 충만

가끔씩 우이동 집에 가서 보면 짐승의 우리나 다름이 없었다. 안타까운 심정으로 기도했더니 주님이 긍휼을 베풀어주셨다. 그래서 내일 이사하게 되었다.

오전에 그 집을 청소하고 와서 그런지 피로감을 느껴 초저녁에 자리를 깔고 누웠다. 이사할 집은 내가 아니라 '생각의 아들'과 그 어머니였다.

보다 효율적 전도를 위해 관련 책자와 논문, 기타 자료 등 30여 권을 찾아 읽었다. 그때 내 속에 여전히 남아있는 죄악의 근성이 보여 고민에 빠졌다.

서쪽 하늘에서 유난히 밝게 빛나는 별이 보였다. 그 별 아래 가냘프고 연약한 초승달이 있었으며, 그 달 밑에 쉴 새 없이 반짝이는 불빛이 있었다. 그 불빛 속에서 준엄한 음성이 쉬지 않고 들려왔다. 누가 나에게 충고하는 듯했다.

"예수를 영접하고 성령을 받아라. 예수의 영을 받아라. 성령을 받아라. 성령으로 충만을 받아라. …"

그때 성령으로 충만함을 받는 일 외에는 그 어떤 대안도 없어 보였다. 일어나 하늘을 쳐다보거나, 누워서 눈을 감고 있거나, 그 무슨 일을 하고 있거나, 성령으로 충만을 받으라는 재촉은 쉬지 않았다.

성령님은 예수님의 영이고, 예수님의 영은 성령님이었다. 그가 그분의 영이었다. 예수님을 영접함이 성령님으로 충만함이고, 예수님과 동거함이 성령님의 내주함이었다.

그리고 또 보니 예수님의 영이 평면 속에도 계시고 입체 속에도 계셨다. 쉬지 않고 계속해서 말씀하시는 그 소리가 내 귀를 쟁쟁하게 울렸다.

"평면 속에 계신 예수님을 영접하라. 입체 속에 계신 성령님을 받아라. 영원한 공간 속에 계신 하나님을 보아라. …"

나는 그분의 말씀에 입을 다물고 가만히 있을 수 없었다.

"예수님을 영접합니다. 성령님으로 충만함을 받습니다. 영원하신 하나님을 바라봅니다. 강하고 담대함을 얻습니다. 저린 다리도 강할지어다. 쓰린 위장도 강할지어다. 띵한 머리도 강할지어다. 막힌 코도 강할지어다. …"

그러면서 나는 정수리부터 발끝까지 온몸을 스스로 안수했다. 그분의 재촉에 따라 성령으로 충만함을 받기 위해 쉬지 않고 기도하며 안수했다.

(2005. 9. 7)

538. 교회 정비

여러 기물과 기구, 자료들을 모아 화물차에 가득히 싣고 산길을 따라 천천히 내려가고 있었다. 그때 갑자기 차가 미끄러지더니, 산등성이 아래 있는 길고 깊숙한 도랑으로 빠져들었다. 그런데 함께 탄 사람들은 아랑곳하지 않고, 차에 실린 물건이 손상될까 봐 마음을 졸였다.

다행히 미끄러지던 차가 도랑 난간에서 멈췄다. 차에 실린 물건들이 도랑으로 천천히 미끄러져 내렸다. 쏟아지기는 하였으나 상한 것은 하나도 없었다. 사람들도 다치지 않았다. 그래서 도랑으로 내려가 다시 물건을 실었다.

얼마 후 사람들과 함께 교회를 정비하고 있었다. 그때 개새끼 한 마리가 옆에서 얼씬대므로 발로 걷어차 버렸다. 내 아이들이 보고 심히 안타까운 듯 그 개를 감싸고 어루만져주었다. 그 개는 아이들이 가족처럼 여기는 애완견이었다.

그때 내 아이들과 그 친구들이 여러 가지 소품을 가지고 와서, 교회당 출입구를 비롯하여 여기저기 다니며 치장하고 있었다.

또 내 어머니와 어머니의 언니, 이모들도 이것저것 치우면서 일을 거들었다. 그때 한 이모는 나무젓가락 같은 막대기 2개를 치우고 있었다. 그때 어머니가 이모에게 말했다.

"그것은 버리지 말고 언니가 가져가."

그러자 이모는 그것을 가져가도 좋은지 내게 물었다. 그래서 내가 말했다.

"어떤 물건은 소중하나 그것이 필요치 않은 사람이 있는가 하면, 어떤 물건은 쓰레기에 불과하나 그것이 요긴한 사람도 있지요." (2005. 9. 17)

539. 잔치

어느 호젓한 시골집에서 잔치가 열리고 있었다. 거기서 나는 신발을 잃고 허둥거렸다. 그것도 4번이나 그랬다.

사람들이 모두 돌아간 뒤, 맨 나중에 툇마루를 거쳐 살평상에 나가보니, 헌 신발 몇 짝만 외톨이로 나뒹굴고 있었다. 내 신발은 어디에도 보이지 않았다. 하지만 나는 무덤덤했다.

"누군가 잘 신고 다니겠지."

그리고 이렇게 생각했다.

'이번에는 운동화를 사야겠다.' (2005. 9. 18. 주일)

540. 지우개

어느 산기슭에서 야영하다가 간이변소에 들어갔다. 내 오른쪽 신발이 스르르 벗겨지더니 똥통 속으로 떨어졌다. 마침 옆에 긴 막대기가 세워져 있었다. 그걸로 건지려고 했더니, 신발은 이미 똥구덩이 속으로 들어가 보이지 않았다.

그런데도 어림짐작하여 휘저었더니 신발이 걸려 올라왔다. 수돗가에 가서 깨끗이 씻었다. 그때 '불꽃의 아들'과 다른 한 사람이 다가오더니, 솔로 빡빡 문지르며 더욱 깨끗이 씻어주었다.

그리고 사무실로 돌아가 일했다. 그런데 무엇인가 핀트가 맞지 않아 안정감이 없었다. 그때 '마지막 덕행'이 보고 의아해하면서 지우개 하나를 가져오라고 했다.

그 지우개는 '가벼운 선행'의 책상 서랍에 들어있었고, 네모반듯한 판에 여러 개의 지우개가 나란히 끼워져 있었다. 하나도 빠짐이 없고 깨끗한 것으로 봐서 모두 새것이었다. 그때 '가벼운 선행'이 자리를 비워 그중에 하나를 뽑았다. 생전 처음 보는 것이었다.

지우개 속에 여러 개의 작은 구멍이 있어 벌집과 같았고, 촉감이 매우 부드러웠다. 무엇이든 문지르기만 하면 다 지워질 듯했다. 그 지우개를 가지자 다소 안정이 되었다.

그리고 '마지막 덕행'도 그 지우개를 하나 뽑은 뒤 그곳에 영수증을 끼워두었다. 그들 두 사람은 막역한 사이였다. (2005. 9. 20)

사람이 자기 죄로 벌을 받고 어떻게 원망할 수 있겠는가? 우리 행위를 살피고 조사하여 여호와께 돌아가자. (예레미야애가 3. 39-40)

541. 가오리

그리 크지 않았으나 상당히 깊어 보이는 웅덩이에서 낚시를 했다. 웅덩이 물이 검푸른 색을 띠고 있어 약간 으스스한 느낌이 들었다.

얼마 후 찌가 살짝 움직였다. 이때다 싶어 탁 쳤더니 꿈적도 하지 않았다. 오히려 낚싯대가 끌려 들어갔다. 상당히 큰 놈이 걸린 게 틀림없었다. 하지만 웅덩이가 그리 크지 않았는바, 도망치지는 못할 거로 생각했다.

한참을 밀고 당기는 승강이를 벌이다가 이윽고 그놈이 물 밖으로 모습을 드러냈다. 순간 뒤로 벌렁 나자빠졌다. 등골이 오싹했다. 사람의 얼굴처럼 생긴 큰 가오리였다.

머리 폭은 수 미터나 되었고, 몸은 웅덩이보다 컸으며, 눈은 황소 눈과 같았다. 부릅뜬 눈 속에 살기가 등등했으며, 나를 쏘아보고 있었다.

그때 그놈이 낚싯줄을 끊고 도망쳐 나를 해코지하지 않을까 싶어 바늘과 줄의 상태를 살펴보았다. 다행히 바늘은 그놈의 윗입술에 단단히 꽂혀있었고, 줄은 이빨에 탱탱 감겨 단단히 묶여있었다. 그래서 안심이 되었다.

(2005. 9. 21)

542. 그루터기

그루터기 하나가 보였다. 껍질이 모두 벗겨져 반들반들한 공이와 앙상한 뼈대가 남아있었다. 그 속에 많은 구멍과 허공이 있었다. 그런데 그것이 내 얼굴 위에 있었다. 내 얼굴이 그루터기의 뿌리로 느껴졌다.

얼마 후 그 그루터기에 불이 붙어 이글거리며 타고 있었다. 불꽃이 대단

했다. 하늘 높이 솟구쳐 올랐다. 멀리서도 보일 만큼 불기둥이 컸다.

하지만 그 그루터기와 내 얼굴은 조금도 상하지 않았다. 작은 그을림도 없었다. 불타는 떨기나무 속에 나타나신 하나님이 생각났다. (2005. 9. 22)

오직 여호와를 바라보고 의지하는 사람은 새 힘을 얻으리니, 독수리처럼 날개 치며 올라갈 것이요, 뛰어가도 지치지 않고, 걸어가도 피곤치 않을 것이다. (이사야 40. 31)

543. 예수 이야기

건장한 청년 2명이 와서 내 양팔을 비틀고 붙잡았다. 왜 그러느냐고 물었더니, 그동안 부동산을 사고팔면서 부당한 일이 있었다고 했다. 그때 나는 어려운 시기에 주님과 맺은 약속을 기억하게 되었다.

'주님께서 제 빚만 갚아주시면, 이 한 몸 다 바쳐 주님의 일에만 전념하겠습니다.'

새벽기도를 드리다가 회개하고 일어나 부동산 관련 자료를 모두 찢어버렸다. 교회 개척을 위해 필요할지 모른다는 핑계로, 다음 주 월요일 수업을 포기하고 홍성과 서천으로 내려갈 생각이었다. 그러자 주님의 영감이 임했다.

"사역을 서둘지도 말고, 자매들을 피하지도 마라. 어디서 참 그리스도인을 찾겠느냐? 이제 내가 시키는 대로 '예수 이야기'를 저술하라. 믿으려 해도 믿을 줄 모르고, 믿어도 믿지 못하는 사람들에게 등불을 밝혀라. 누구나 읽기 쉽고 이해하기 쉽도록 단순하게 쓰도록 하라." (2005. 9. 23)

544. 바다 생물

라이벌 관계에 있는 '영원 순종'과 무슨 경쟁을 벌이고 있었다. 그때 '동녘의 유익'이 나타나 중재를 했다.

'영원 순종'과 나는 밤송이조개처럼 생긴 바다 생물을 각각 내어놓았는데, 그의 것도 싱싱하고 좋았지만, 내 것이 더욱 연하고 부드러워 보였다.

(2005. 9. 24)

545. 준수한 사람

산과 나무, 강과 바위가 어우러진 계곡에서 주변을 살펴보았다. 그때 너럭바위 틈에 자라난 목련이 한 그루 보였다. 언뜻 보면 말라죽은 듯했으나, 일부 가지에 어린 꽃봉오리가 맺혀 있었다.

자세히 보니 앞가지에도, 뒷가지에도, 옆가지에도, 모두 꽃망울이 맺혀 있었다. 너무 신기하여 가까이 가서 쳐다보았더니, 거의 죽었던 나무가 살아나고 있었다.

하지만 사이사이에 여전히 말라죽은 가지도 있었다. 그 가지에 손을 대자 오래되어 뚝뚝 떨어져 내렸다. 그러자 살아있는 가지만 나무에 달려 있었다.

그리고 강 건너 아래쪽에 큰 소나무도 한 그루 보였다. 윗가지 일부가 마른 것으로 봐서 분명히 죽어가고 있었다. 그 모습을 보고 안타까워했더니, 준수한 사람이 다가와 말했다.

"영양가 풍부한 흙을 나무 주변에 깔아주면 회복될 것이다!"

그때 깡마른 노인 2명이 강바닥에서 긁어모은 흙을 망태기에 담아 짊어지고 올라왔다. 그리고 우리가 서 있는 아래쪽에 쏟아부었다. 그 흙을 보니 대부분이 자갈과 모래였다. 영양가가 없어 보였다.

"강바닥의 흙으로는 희망이 없을 듯하구나!"

그래서 영양가 있는 흙을 찾기 위해 강 아래쪽으로 내려갔다. 그곳에 한 작은 마을이 있었다. 바위가 많은 것으로 봐서 제주도처럼 느껴졌다.

오솔길을 따라 쭉 내려가다가 보니 갯바위 위에 지어진 오두막이 있었다. 큰 해일을 맞은 듯 대부분이 파손되고 일부만 남아있었다.

집안을 쭉 훑어보니 작두와 들풀이 있었다. 오래전에 사용한 헛간으로 짐작되었다. 그 옆을 돌아 갯바위에 올라 먼바다를 바라보았다.

그때 썰물이 밀려와 갯바위에서 고립되고 말았다. 그러자 다시 준수한 사람이 나타나 한곳을 가리켜주었다. 그곳에 징검다리가 있었다. 그 다리를 건너 뭍으로 나왔다.

그리고 그분이 외양간으로 나를 인도했다. 외양간 난간을 두 손으로 잡고 안쪽을 살펴보았다. 그때 주인이 소를 몰고 들어와 한 마리씩 독방에 넣고 빗장을 채웠다. 어미 소와 아기 소를 모두 그렇게 따로 가두었다. 어미 소가 뿔로 빗장을 열려고 애썼다. 하지만 소용이 없었다. 그 소가 말했다.

"왜 이렇게 우리를 꼼짝 못 하게 가두는 거야?"

그러자 주인이 말했다.

"너희들이 안심하고 잘 수 있도록 해주기 위해서야."

그때 내 오른손에 징그럽게 생긴 소 이빨 하나가 들려있었다. 끔찍하고 무서운 생각이 들어 외양간 바닥에 던져버렸다. 그리고 왼손을 보니 가늘고 길쭉한 다른 뼈를 잡고 있었다. 소스라치게 놀라 그것도 외양간 바닥에 던졌다.

그 일이 있은 후, 나는 그분을 따라 아랫마을로 내려갔다. 그때 길가에 널어놓은 짐승의 똥을 보고 탐이나 말했다.

"저것이면 영양가 좋은 거름이 될 수 있을 텐데."

그러자 그분이 말했다.

"저것은 부유층의 것이라 아무도 손댈 수 없다. 하지만 걱정하지 마라. 내가 트럭으로 한 차 실어다 깔아줄 것이다."

그리고 나를 개울가로 안내했다. 그때 그분에게 전화가 왔다.

"예, 알겠습니다. 그런데 지금 샌들을 신고 있으니, 운동화로 바꿔 신어야 겠습니다."

그 전화를 받고, 그분이 신발을 바꿔 신었다. 그리고 나를 어딘가 데려가기로 결심한 듯했다. 그래서 부지런히 그분을 따라갔다. 개천을 따라 쭉 올라가다가 제방을 넘었다. 그리고 논둑길을 지나 어느 집에 이르자 그분이 말했다.

"이 돌담을 조심해서 넘어오너라. 주인 모르게 이 집을 지나가야 한다!"

그분의 신신당부에도 불구하고, 나는 담을 올라가다가 돌멩이 하나를 떨어뜨리고 말았다. 그러자 그분은 집주인이 듣기라도 하라는 듯이 큰 소리로 말했다. 그분의 말을 듣고, 주인이 방에서 머뭇머뭇하며 나오지 않았다.

그때 내가 보기에, 그와 집주인은 서로 잘 아는 사이로서, 주인이 그의 목소리를 알아듣고 안심하는 듯했다. 그러자 그분이 내 손을 잡고 담으로 끌어올렸다. 거치적거리는 돌덩어리를 옆으로 치워주기도 했다.

그렇게 그 집 마당으로 들어간 우리는, 장독대 옆에 있는 작은 계단을 통해 그 집을 빠져나왔다. 그러자 이번에는 넓은 들판이 나타났다.

벼를 추수하고 그루터기만 남은 논이 쭉 펼쳐져 있었다. 어느덧 서리가 내려 하얗게 덮혀 있었다. 밤이 지난 이른 새벽이었다. 겨울이 성큼 다가온 듯했다. 논 가운데 사람들의 발자국이 있는 것으로 봐서, 아는 사람만 지나가는 지름길로 보였다.

그때 저만큼 산 아래 아담한 마을이 보였다. 이집 저집 굴뚝에서 하얀 연기가 모락모락 피어오르고 있었다. 여기저기 앙상한 나뭇가지에 붉은 감도 달려 있었다. (2005. 9. 30)

546. 장애물

이른 새벽에 일어나 2시간 남짓 기도하고, 그 자리에서 비스듬히 누웠더니 순간적으로 환상이 보였다.

길을 가다가 그늘 있는 벤치에 앉아 잠시 쉬었다. 무심중에 앞으로 갈 길을 바라보았더니, 길 위에 검불이 날아오기 시작했다. 그런데 점점 속도가 더해지더니 모래와 돌 부스러기도 섞여 날아왔다.

"바람도 잔잔한데 정말 이상한 일이구나!"

하면서 유심히 지켜보았더니, 시간이 지날수록 점점 더 세게 날아왔다. 그러다가 주먹만 한 자갈이 굴러오기 시작했다.

"길은 그대로인데 참으로 이상한 일이구나!"

하면서 조금 더 휴식을 취하려고 했더니, 이번에는 자갈과 돌멩이까지 섞여 세차게 몰아치기 시작했다.

"갈 길은 먼데 이 무슨 요사스러운 일인가? 그래도 출발하면 금방 갈 수 있겠지. 조금만 더 쉬었다 가자!"

하면서 흐르는 땀이 마르도록 휴식을 취했다. 그러자 눈앞에 보이던 평탄한 길이 갑자기 솟구쳐 가파른 언덕길로 바뀌었다. 그리고 호박만 한 돌덩이가 돌풍이 몰아치듯 떠밀려오기 시작했다.

"이런, 제기랄! 이제는 더 이상 지체할 수가 없구나!"

하면서 급히 일어나 길을 가기 시작했다. 다행히 언덕길은 그리 높지 않았고, 별다른 어려움도 없었다. 마치 훌쩍 날아오르듯 언덕길을 올랐다. 그러고 보니 길은 다시 평탄했다.

하지만 여전히 검불과 모래, 자갈, 돌멩이, 돌덩이 등이 광풍을 앞세워 노도처럼 휘몰아쳤다.

"조금만 더 가면 반드시 좋은 길이 나타날 거야!"

하면서 요리조리 피해가며 계속 앞으로 나아갔다. 그런데 평탄한 아스팔트 도로가 갑자기 울퉁불퉁한 비포장도로로 바뀌면서, 날카로운 돌들이 미친 듯 요동을 치며 휘날렸다.

그 돌들은 인위적으로 쪼개지고 갈라진 칼이요, 창이었다. 심히 무섭고 떨렸다. 그런데 이상한 점은, 그 모든 것이 내 길에 장애가 되거나 방해가 되지 않는다는 사실이었다. 오히려 나를 딴생각하지 않고 한길로 가도록 이끄는 듯했다.

그러고 보니 그 모든 장애물이 허깨비처럼 느껴졌다. 나 스스로 지레 겁을 먹고 무서워하며 주춤거렸던 것이다. 이후 나는 그것을 장애물로 보지 않고 앞만 보며 나아갔다.

그렇게 얼마쯤 가다가 보니, 드디어 초벌 포장된 길이 나타났다. 장애물도 바람과 함께 서서히 사라지기 시작했다. 그리고 다시 얼마를 가니, 완전하게 포장된 새 길이 나타났다.

그때 비로소 장애물이 완전히 사라지고 보이지 않았다. 날씨도 더할 나위 없이 쾌청했다. 넓은 들판 사이로 탄탄대로가 곧게 펼쳐져 있었다.

그 길은 끝없이 이어져 있었고, 맞닿은 곳이 곧 하늘로 보였다. 길 양옆으로 이어진 황금 들판의 물결은 추수꾼들의 낫을 기다렸다.

그리고 어느 곳에 이르러 보니 학교 강의실이었다. 나는 다른 학생들과 함께 앉아 공부하고 있었다. 그때 상당히 연로한 교수님이 와서 강의실을 한 바퀴 쭉 돌아보고 말했다.

"3년 동안 공부하고도 열매가 없으면 되겠느냐?" (2005. 10. 10)

547. 물고기(1)

접시 위에 물고기 4마리가 놓여있었다. 2마리는 무르고 연했으며, 2마리는 야무지고 오달졌다. 그때 무르고 연한 물고기가 단단하고 오달진 물고기를 통째로 삼켜버렸다. 그러자 조금 전에 있던 물고기 4마리가 2마리로 줄어들었다.

그리고 얼마 후, 어느 집에서 잔치가 열리고 있었다. 접시 위에 물고기 2마리가 놓여있었다. 그런데 그 물고기 뱃속에 또 물고기가 들어있었다.

그래서 물고기 입을 벌리고 뱃속의 물고기를 끄집어냈더니, 물고기가 4마리로 불어났다. 겉 물고기와 속 물고기가 크기도 비슷하고 야무져서 별반 차이가 없었다.

그때 옆에 앉아 식사하던 '약삭빠른 이익'과 '새로운 열정'이 뭐라고 하면서, 자기네 식탁 위에 놓인 물고기 2마리를 내게 옮겨놓았다. 그러자 내 접시 위의 물고기가 6마리로 늘어났다.

일반 돌이 아니라 동물 형상의 돌로 어떤 사람과 바둑을 두었다. 내가 일방적으로 유리하여 이미 승부가 판가름 난 듯했다. 그래서 마땅히 둘 곳이 없어 상대방의 빈 귀에 뛰어들었다.

그러자 중앙에 놓여있던 거북이 형상의 돌이 슬금슬금 기어나갔다. 그 돌은 내 것으로 그곳에 다른 돌을 대신 놓고 판을 바로잡았다.

그런데 그 사이에 상대방이 나도 모르게 여러 개의 돌을 한꺼번에 놓았다. 그래서 내가 조금 전에 두었던 돌을 사석으로 만들어버렸다. 하지만 나는 그 돌을 포기하고 조금도 개의치 않았다. 승패에 영향이 없었기 때문이다. (2005. 10. 12)

548. 코끼리 신부

어느 단체에서 선교활동을 하고 있었다. 하지만 이렇다 하고 내놓을 만한 성과가 없었다. 그저 그렇게 무료한 날을 보냈다. 그러다가 우리가 머물던 지하실에 내려가 보니, 키가 1미터도 안 되는 작은 사람들이 살고 있었다.

그때 사제로 보이는 사람이 검은 가운을 입고, 다소 뚱뚱해 보이는 자매의 엉덩이를 만지며 들어왔다. 그가 방으로 들어가더니 작은 상 앞에 엎드려 잠깐 기도했다. 그리고 일어나 벽에 설치된 제단으로 가서 다시 기도하기 시작했다.

그 옆에 또 한 자매가 있었다. 사제의 부인으로 짐작되었다. 사제와 함께 온 뚱뚱한 자매를 위해 식사를 준비하는 듯했다.

잠시 후 사제가 기도를 마치고 나왔다. 고개를 푹 숙이고 나오는 모습을 보니, 코가 코끼리 코같이 쭉 늘어져 있었다. 그 모습을 지켜보던 사람들이 그를 가리켜 '코끼리 신부'라고 불렀다.

그때 신부와 함께 들어온 뚱뚱한 자매가 일어나 우리를 바라보았다. 그래서 그 얼굴을 보게 되었다. 모나고 뒤틀려서 심술궂게 보였다. (2005. 10. 13)

549. 복음의 찌개

갓 태어난 귀여운 아기가 있었다. 나를 닮은 것으로 봐서 내 아이가 틀림없어 보였다. 어린 '꿀벌'과 아주 흡사했다. 아기의 몸은 30cm 정도밖에 되지 않았지만, 머리가 동글동글하고 이목구비가 또렷했다.

한 여자애가 그 아기를 안고 있었다. 아기의 몸은 작고 가벼운 반면, 머리는 크고 무거워 고개가 뒤로 젖혀져 있었다. 아기가 위험하다는 생각이 들어 자리에 눕히라고 했더니, 따스한 스팀 옆에 두었다. 보면 볼수록 아기가 너무 귀여웠다.

1999년 어느 봄날이었다. 무작정 지하철을 타고 가다가, 한 여자애가 안고 있는 갓 태어난 어린 강아지를 유심히 바라보았다. 그러자 그 애가 한 마리를 건네주면서 잘 키우라고 했다. 그래서 그 강아지를 집으로 가지고 와서 아이들에게 주었다.

아이들이 너무 귀엽다고 하면서, 장난감을 다루듯이 위로 던졌다가 내렸다 하면서 놀았다. 그런데 다음 날 보니, 강아지를 상자 속에 눕혀 놓고 일어나라며 재촉하고 있었다.

아무래도 이상하여 강아지를 들어 보았더니 머리가 등으로 툭 떨어졌다. 목뼈가 부러져 죽었던 것이다. 그래서 아들과 함께 그 강아지를 개나리 울타리 아래 묻어주었다.

그리고 얼마 후, 그 아기의 엄마로 보이는 자매가 다가오더니, 무슨 유세를 부리듯 내게 잔소리를 퍼부었다. 그때 나는 신경질을 내면서 자리를 박차고 일어났다. 하지만 사태가 더 이상 악화되지는 않았다.

잠시 흥분하여 현실로 돌아왔다가, 다시 잠자리를 고쳐 옆으로 누웠다. 그러자 바로 코앞에 가스버너가 보였고, 그 위에 맛있는 찌개가 끓고 있었다.

무슨 찌개인가 보니, 다름 아닌 예수 그리스도의 복음이었다. 누가 이토록 정성껏 복음의 찌개를 끓이는가 싶어 보았더니, 바로 나 자신이었다.

좋은 차 재료를 구하려고 어느 산기슭을 돌아다녔다. 마땅한 재료를 찾지 못해 이리저리 헤매다가 막다른 길에 서게 되었다.

길을 건너야 했지만 긴 개골창이 앞을 가로막고 있었다. 산 위에서 아래까지 쭉 이어진 개골은 수직 낭떠러지로 끝이 없었다. 하늘에서 땅속까지 이어진 무저갱으로 보였다. 그 아래로 떨어지면 만사가 끝장이었다.

하지만 그곳을 건너가지 않을 수 없었다. 그때 도랑 건너편을 보니, 공사할 때 안전판으로 세워놓은 나무 구조물이 있었다.

"여기서 이 개울을 뛰어넘어 저 건너편에 세워진 나무를 붙잡아야 한다. 이곳에서 저곳으로 넘어가는 유일한 길이다. 다른 방법이 없다!"

그때 순간적으로 두려움이 밀려왔다.

"내가 저 건너편의 나무를 붙잡지 못한다면, 나는 저 아래 끝없는 구렁텅이로 떨어져 죽을 것이다. 또 내가 저 나무를 붙잡아도, 저 나무가 나를 지켜줄 힘이 없다면, 나는 저 나무와 함께 아래로 떨어져 죽을 것이다."

"그러나, 그럼에도 나는 이제 더 이상 선택의 여지가 없다. 그래, 다른 방법이 없다! 내가 살고 죽는 것은 하나님의 뜻에 달려있다. 믿음으로! 오직 믿음으로! 믿음으로 건너가자! 믿음밖에 없다!"

그래서 나는 믿음으로 도랑을 건너뛰었다. 그리고 도랑 건너편에 있는 나무를 붙잡았다. 그런데 생각과 달리 나무가 아주 튼튼했다. 나무의 안전성에 대해 더 이상 의심의 여지가 없었다. 그러자 내 뒤에서 나를 지켜보고 있던 사람들이, 나와 같은 방법으로 줄줄이 건너오는 모습이 보였다.

도랑 건너편에는 차의 재료뿐만 아니라, 그야말로 없는 것이 없는 만물시장이 펼쳐져 있었다. 넓디넓은 시장에 수많은 점포가 있었다. 진열된 물품들도 최상품으로 다종다양했다. 값도 저렴하여 아무리 많은 물건을 사도 단돈 몇천 원에 불과했다.

그러나 나는 정말 꼭 필요한 물건이 아니면 아무것도 사지 않았다. 내 생각과 판단은 무익하다는 사실을 경험상 잘 알고 있었으며, 나 스스로 주님의 청지기라는 사실을 굳게 믿었기 때문이다. 그래서 아무리 하찮고 작은 일이라도 주님의 결재가 없으면 손대지 않았다. (2005. 10. 17)

550. 삼위일체

동해안으로 놀러 갔던 '동녘 윤택'이 돌아오지 않아 가족들이 애태우고 있었다. 그때 어떤 사람의 전화가 왔다. 그런데 머뭇거리다가 끊었다. 더욱 애가 탔다. 그리고 며칠 후 또 전화가 왔다. 너무나 슬픈 비보였다.

"동녘 윤택'이 죽었어요. 다른 친구들은 괜찮은데…."

"도대체 어쩌다가?"

"싸움이 너무 격렬했던가 봐요. 해변에서 싸늘한 시체로 발견됐어요."

그때 내 아들도 갯바위에서 놀고 있어 다소 불안한 마음이 들었다. 하지만 그대로 두었다. 그런데 아니나 다를까, 아들이 다쳤다는 느낌이 들었다. 창문을 열어보니 칠흑같이 어두웠다.

뾰족뾰족한 바위 위에서 접시를 던지며 놀다가 접시도 깨고 손가락도 다쳤던 것이다. 전에는 강도가 약한 접시를 가지고 놀다가 다쳤고, 이번에는 강도가 강한 접시를 가지고 놀다가 다쳤다. 그때 아들은 깨어진 접시를 주워들고, 왜 그렇게 강한 접시가 깨어졌는지 의아스럽게 생각하고 있었다.

아들의 팔을 잡아 방안으로 끌어들여 살펴보니, 엄지손가락이 V자 모양으로 찢어져 있었다. 깨어진 접시의 파편에 의해 다친 것이 분명했다. 불과 얼마 전에도 그 손가락을 다쳐 치료를 받았다. 그 상처가 아물지 않은 상태에서 또 거기를 다쳐 안타까운 마음이 들었다.

우선 피를 멈추게 하려고 수건으로 상처를 꾹 누르고 있었다. 그때 내 어머니가 다가와 조제된 약이 놓인 가제를 상처에 붙이고 붕대로 감아주었다.

그 약은, 비록 그 자리에서 보이지 않았지만, 내 아버지가 조제하여 어머니에게 주었던 것이다. 저만큼 앞에서 우리를 지켜보고 있는 아버지가 보였다.

그 순간 내 아들이 나 자신으로 보였다. 환상에서 현실로 돌아와 안타까운 마음으로 회개하였다.

"아버지 하나님이시여, 제가 또 잘못했습니다. 정말 잘못했습니다. 아무리 수입이 없어도 그렇지요, 제가 사람의 미혹에 또 넘어가고 말았습니다. 이 불경기에 문 닫은 커피호프 가게를 마이너스 대출로 인수했습니다.

지난날 그토록 다짐하고 또 다짐했건만, 오늘 또다시 미혹에 빠져 일을 저지르고 말았습니다. 제가 언제까지 악한 자에게 자비를 베푸는 어리석은 자로 남아있어야 합니까? 이 못난 종을 용서해주소서. 제가 이번에도 무지 잘못했습니다.

하나님 아버지시여, 하지만 감사드릴 일도 없잖아 있습니다. 이번 일이 성령님의 이끌림에 의한 사탄의 미혹이었나 봅니다. 그동안 저는 삼위일체 교리에 회의를 느끼고, 삼위일체라는 말을 달갑지 않게 여겼습니다.

그런데 이번 일을 계기로 삼위일체 하나님에 대한 믿음이 싹트게 되었습니다. 하나님의 역사와 성령님의 역할, 예수님의 사역에 대한 분담을 약간은 알 듯도 하기 때문입니다.

전능하신 하나님께서도 세 분의 역할 분담이 있어 더욱 안전하고 완전하다는 느낌을 받았습니다. 이 또한 인간적 생각일 수 있지만 말입니다.

비록 그 모습은 보이지 않았으나, 약을 조제하여 건네주신 아버지 하나님, 그 약을 건네받아 아들의 상처에 붙여주신 어머니 성령님, 위험에 처했을 때 친히 구원하여 주신 아들 예수님을 이제 어느 정도 알 것 같습니다.

저를 위해 이 귀한 환상을 보여주신 하나님께 진심으로 감사드립니다. 아멘." (2005. 10. 21)

551. 윤택한 기운

무엇엔가 늘 쫓기며 날마다 빈둥거리고 있었다. 어느 날 '윤택한 기운'이 와서 말했다.

"당신은 아예 그만두는 것이 좋겠어."

그는 부서장이고 나는 직원이었다. 그래서 큰 충격을 받았다. 동기생 '근심 없음'에게 가서 귓속말로 말했다.

"내가 여기 온 지 4년을 넘어 5년이 가깝지 않으냐? 애당초 내가 올 때는 파견 형태로 왔고, 어쩌다 이제까지 머물게 되었잖아? 그러니 이제 나를 다시 보내주라고 잘 말해다오."

"그래, 그런 일이라면 내가 기꺼이 도와주겠다."

그는 내 동기생이었으나 나보다 두 계급 높았고, 말발이 세기로 알려져 있었다. 그리고 돌아보니 비어있던 공간에 책상 6개를 2줄로 3개씩 나란히 놓고, 유능한 청년 장교들이 쭉 앉아있었다.

그런데 그들 중에서 한 명이 내 의자를 가져다 놓고 앉았다. 또 다른 한 명은 내 책상을 가져갔다. 대신 아주 작고 낡은 것으로 바꿔놓았다. 하지만 나는 아무 말 없이 그 자리에 가서 앉았다.

그때 '윤택한 기운'이 휠체어를 타고 와서 말했다.

"조금 있으면 전반적으로 직제개편이 있을 것이고, 전체적으로 인사이동이 따를 것이다. 그래도 미리 가겠는가?"

그를 보니 예전의 늠름한 기개가 없었다. 이빨 3개를 뽑은 모습이 얼굴에 나타나 보기 민망했다. (2005. 10. 23. 주일)

552. 증거

나를 심판하려고 사람들이 원형 재판정에 모여 있었다. 각계 전문가로 구성된 배심원들이 내 범죄 사실을 입증하려고 상의하는 모습이 보였다. 그때 금융 전문가로 보이는 사람이 내게 말했다.

"최신예 장비로 당신이 행한 일거수일투족을 찾아내고 있으며, 당신이 사용한 돈의 흐름도 이 잡듯이 추적하고 있으니, 이제 곧 그 전말이 드러날 것이오. 여기를 보시오. 이미 두 가지 방면에서 완벽한 증거를 갖추었소. 이제 하나만 충족되면, 당신은 전능하신 하나님 앞에서 그 어떤 변명도 할 수 없을 것이오."

그때 보니 정죄 되는 조건으로 3가지의 증거가 충족되어야 했다. 즉, 삼위일체의 증거가 필요했다. 그것은 지, 정, 의의 합치로 보였다.

다시 말해서 아는 것과 믿는 것, 행한 것이 일치되어야 비로소 완벽한 증거로 채택되었다. 따라서 세 가지 중에서 하나라도 결격하면 증거로 상정될 수 없었다.

그 말을 들으니, 실제로 내가 정죄 받을 만한 큰 죄를 지은 것 같기도 하고, 어쩌면 원수의 모함인 것 같기도 했다. 하지만 이제 와서 내 힘으로 어쩔 방도가 없었다. 그래서 결과를 지켜볼 수밖에 없었다.

그런데 시간이 지나도 결과가 나오지 않았다. 그러다가 소식이 들렸다. 첨단 장비로 조회한 최종 자료가 나왔으나 같은 사안이 수백 건이나 되었는바, 어느 것이 누구 건인지 분간할 수 없어 특정인의 증거로 적용할 수 없다는 것이었다.

어느 시골집을 찾아갔다. 일기가 고르지 않아 신발과 양말이 진흙으로 한 덩이가 되었다. 처마에 앉아 신발과 양말을 벗어 한편에 넣고, 흙이 마르면 비벼서 털려고 했다.

그 집은 남향으로 양지바른 곳에 세워진 초가삼간이었다. 햇볕이 따스하게 내리쬐어 어린 시절의 향수가 아련했다. 그때 한 사람이 다가와 처마밑에 쌓아놓은 오물 섞인 흙을 걷어 올리며 더러워진 마당을 다듬었다. 그는 '세상에서 돌아온 사람'이었다.

그리고 식사를 하게 되었다. 야채가 푸짐하게 나왔다. 그중에서 하나를 집어 입에 넣었더니 싸리나무 순이었다. 줄기가 딱딱하여 씹을 수 없었다. 염소처럼 잎사귀만 훑어먹으려고 했다.

그런데 이파리 몇 개를 따 먹으려고 딱딱한 줄기를 훑는 것이 비효율적으로 생각되었다. 그때 한 자매가 다른 채소로 바꿔주려고 황급히 다가왔다.

여러 사람이 모인 곳에 갔다. 양지바른 처마 밑에 노인들이 옹기종기 모여 있었다. 그때 맨 위에 앉은 노인이 나를 불러 갔더니, 만 원짜리 지폐 몇 장을 넣은 봉투를 건네주었다. 그리고 오천 원짜리가 든 봉투를 한쪽에 던지며 그것도 가져가라고 했다.

그런데 오천 원짜리 봉투가 던져진 곳에 다른 봉투들이 수북이 쌓여있었다. 그래서 이게 다 무엇이냐고 물었더니, 결혼 축의금이라 했다. 그러면 만 원짜리 봉투는 무엇이냐고 물었더니, 그것은 별도의 격려금이라 했다.

(2005. 10. 24)

553. 녹색 나물

싱싱한 녹색 나물을 살짝 데쳐 물기를 짜고 한 움큼 쥔 손이 보였다. 그때 나는 그 손에 있는 나물을 이웃에게 나눠주는 역할을 맡았다.

그런데 신기하게도 나물을 나눠준 만큼 다시 그 손에 채워졌다. 처음에는 나름대로 계산하여 조금씩 여러 사람에게 나눠주려고 아꼈으나, 적게 나눠주면 적게 채워지고 많이 나눠주면 많이 채워진다는 사실을 알고 아낌없이 나눠주었다. 아무리 나눠줘도 여전히 그 손에는 넉넉한 녹색 나물이 있었다.

그리고 돌아보니, 이번에는 넓은 쟁반에 얼마간의 인삼 뿌리가 놓여있었다. 그중에서 가늘고 긴 뿌리 하나가 살아서 움직이고 있었다. (2005. 10. 25)

554. 소금 나라

소금 나라를 향해 걸어가고 있었다. 그곳은 머나먼 길이었다. 가다가 보니 소금 해변이 돌출한 언덕 위에 둥근 전망대가 있었다. 소금 항구의 등대였다.

그런데 나는 더 이상 한 발자국도 나아갈 수 없었다. 산비탈 오솔길 낭떠러지 위에서, 아슬아슬하게 자라난 어린나무 두 그루에 한 발씩 의지하고 서 있었기 때문이다.

내가 서 있는 옆으로 좁은 길이 있기는 했으나, 파도에 포락되어 거의 사라진 상태였다. 그 길을 건너기가 심히 어려운 처지였다.

게다가 내 주변에 보이는 길과 산과 바다가 온통 소금이었다. 너무 삭막하고 을씨년스러웠다. 그래서 바로 옆에 있는 전망대만 바라보고 있을 수밖에 다른 도리가 없었다.

낭떠러지 아래를 보니 소금 해변이 쭉 이어져 있었다. 아예 해안 길을 따라 돌아가는 사람들도 있었으나 그 역시 평탄한 길이 아니었다.

소금 기둥이 불규칙하게 솟아나 앞길을 가로막고 있었으며, 가끔씩 소금 파도에 휩싸여 밀려오는 소금덩이가 날카로운 수정 조각처럼 보였다.

"무슨 일이 있어도 나는 반드시 저곳에 가야 한다!"

하면서 돌아보았더니, 어느새 내가 그 전망대에 올라가 있었다. 그 가운데 놓인 큰 상 앞에서 두 손을 모으고 앉아 감사하며 기도했다. 내가 기도를 마치고 "아멘" 하자, 내 주변에 있던 사람들도 "아멘"으로 응답했다.

그때 나는 그들이 언제 모여들었는지 의아스러웠다. 더욱이 그들 가운데 상당수가 주님을 따르는 성도들이었다. 그리고 내 어머니의 목소리도 들렸다.

"그는 자기도 모르게 상속자가 되어 큰 부자가 되었다. 그래서 그도 그 사위에게 모든 것을 물려주려고 한다."

"그가 누군데요?"

"개똥서방이야!"

'개똥서방'인지 '개동서방'인지 분명치 않았으나, 확실한 것은 그가 내 친척이라는 사실이었다. (2005. 10. 28)

555. 낮은 포복

아스팔트를 낮은 포복으로 기어가고 있었다. 차로 달려야 할 길을 엎드려 기어가자니 보통 힘든 일이 아니었다. 그렇게 한참을 가다가 보니 '돈 되는 터널'이 나타났다.

"그래, 이 터널만 지나가면 된다!"

언젠가 길을 나설 때, 그 터널 밖에 차를 세워두었기 때문이다. 그래서 차 있는 곳까지 가기만 하면 된다는 생각이었다.

그런데 터널에 들어서자 바닥이 파손되어 요철이 심했다. 다행히 날카롭게 깨어진 콘크리트 조각들 위에 부직포가 깔려있어 다칠 염려는 없었다.

하지만 장시간 포복으로 지칠 대로 지쳐서 힘이 없었다. 바닥이 깨어진 난코스를 지날 때, '승리의 빛' 자매가 내 바로 옆에서 기어가고 있었다.

동병상련이었을까? 그때 우리는 서로 용기를 북돋워주며 기어갔다. 내가 앞서면 그 자매를 당겨주고, 내가 뒤지면 그 자매를 밀어주었다.

그렇게 해서 우리는 어두운 터널을 빠져나가게 되었다. 터널을 벗어나자 바로 앞에 고가도로가 이어져 있었으며, 우측으로 내려가는 계단도 있었다.

그런데 내 앞서가던 '승리의 빛' 자매가 순간적으로 보이지 않아 잠시 주춤거렸다. 잠시나마 서로 동고동락했던 터라 연민의 정을 느꼈다.

"이제 어쩌나? 바로 가야 하나? 옆으로 나가야 하나?"

그 자매가 바로 갔으면 바로 가고, 옆으로 나갔으면 따라갈 생각이었다. 그때 내 차를 세워둔 곳이 생각났다. 그래서 옆으로 빠져나갔다.

다행히 내 가는 길 바로 앞에 그 자매가 천천히 걸어가고 있었다. 너무 반가워 얼른 다가가 팔짱을 끼었더니, 자매도 기다렸다는 듯이 오른팔로 내 허리를 감싸 안았다.

큰길을 지나 골목 안에 세워둔 차를 향해 자매와 함께 걸어갔다. 그때 우리는 깊은 상처를 입고 고난을 함께 받은 사람으로서 고진감래의 의미를 되새겼다. (2005. 11. 6. 주일)

556. 전도자

바둑판처럼 구획 정리된 도시가 보였다. 그곳에서 복음을 전하라는 소명을 받고 전도자와 함께 그 안으로 들어갔다. 시가지를 반으로 나눠서 그는 오른쪽을, 나는 왼쪽을 맡아 전도하기 시작했다.

그런데 그 도시에 들어가 보니, 길거리에 죽은 자들의 시체가 즐비했다. 마치 '죽음의 도시' 같았다. 살아있는 사람은 거의 보이지 않을 정도로 거리는 한산했으며, 어두침침한 분위기에 기분이 영 좋지를 않았다.

한 집에 들어가 사람들이 죽은 사유를 물어보았다. 그러자 죽은 사람 대부분이 환절기에 무리한 성관계를 하였던바, 기력이 쇠잔하여 죽었다고 했다.

우선 죽은 사람들의 시체를 수습하여 장례를 치러주고, 살아있는 사람들에게 병균이 노출되지 않도록 주변을 깨끗이 청소해야 한다는 생각이 들었다.

그래서 사람들에게 먹을 것과 입을 것을 나눠주고, 시체를 수습한 뒤 주변을 깨끗이 청소했다. 그리고 남은 양식과 의복을 추가로 나눠주었다. 그러자 사람들이 생기를 되찾았다.

그때 비로소 복음을 전할 준비가 되었다 싶어 첫째 블록에 들어섰다. 그런데 내 능력이 부족하다는 사실을 깨닫고 허탈감을 느꼈다. 무엇을 어떻게 시작해야 할지 몰라 허둥댔다.

그러다가 잠시 엎드려 기도했더니, 보이지 않는 그 어떤 힘으로 모든 일이 순조롭게 진행되고 있다는 감동을 받았다. 그래서 오직 그 힘만 믿고 복음을 전하기 시작했다. 그러자 어느새 나는 첫째 블록을 지나 둘째 블록 큰길에 서서 복음을 전하고 있었다.

그때 보이지 않는 그 힘이 나를 위대한 전도자로 만들어놓았다는 느낌이 들었다. 그 도시 사람들도 나를 큰 전도자로 여기는 듯했다. 그래서 나는 옷매무시를 가다듬고 다시 감사기도를 드렸다.

"참으로 좋으신 하나님, 이렇듯 무능한 자를 전도자로 사용하시니 감사합니다. 저에게 그 귀한 사명을 수행케 하시니 감사합니다. 보잘것없는 저를 세워주시고, 위대한 인물로 삼아주시니 감사합니다.

부족한 저에게 복음을 전하라고 하실 때 말없이 순종하였더니, 가난한 저에게 구제하라고 하실 때 그대로 순종하였더니, 메마른 저에게 기도하라고 하실 때 그 즉시 엎드려 기도하였더니, 주님이 그 모든 일을 시작하여 마무리하시며, 무능한 저를 유능케 하시고, 가난한 저를 부유케 하시고, 하찮은 저를 위대하게 하셨습니다. 참으로 좋으신 주님을 찬양합니다. 할렐루야, 아멘!" (2005. 11. 09)

557. 축구 주심

어느 학교에서 운동회가 열리고 있었다. 그때 나는 축구 주심으로 부름을 받았다. 수많은 사람이 운집한 운동장 한쪽 모서리에 전망대 같은 안내판이 우뚝 서 있었다. 누구나 한눈에 바라볼 수 있는 장치였다.

그것을 보는 순간, 내가 주심으로 선임된 축구 경기를 보다 많은 사람에게 알리고 싶었다. 그래서 그 망대로 올라가기 시작했다. 하지만 중간에 밧줄이 거미줄 같이 엉켜있었다. 통나무 강다리를 타고 이리저리 건너갔다.

망대로 올라가는 길은 너무 힘들었다. 숨바꼭질하듯 곡예를 하면서 부지런히 올라갔으나 만만치 않았다. 그때 나를 지켜보던 사람들이 갑자기 소리치기 시작했다. 더 이상 올라가지 말고 내려와 축구 심판을 보라는 것이었다. 그래서 도로 내려가 선수들이 모여 있는 운동장으로 들어갔다.

나는 다리에 장애가 있었으나, 심판을 보기 위해 그들과 함께 뛰고 달리기에 별지장이 없다는 사실에 놀랐다. 하지만 아무래도 미심쩍어 다시 한번 시험해 보았으나, 특별히 불편을 느끼지 못했다. 정말 신기했다. 그래서 자신감을 갖고, 우선 선수들을 모은 후 각 팀의 주장을 뽑으라고 했다.

그러자 양 팀 주장들이 앞으로 나왔다. 그때 주장들이 선수들에게 모은 것으로 보이는 돈을 내게 건네주었다. 10원짜리와 100원짜리 동전 한 움큼씩이었다. 선수들은 어른들과 청년들도 있었으나 대부분이 어린아이들이었다.

나는 무슨 영문인지 몰랐으나 돈을 받아두는 것이 당연한 일로 생각되어 그 동전을 받아 바지 주머니에 넣었다. 그때 10원짜리 동전 2개가 땅에 떨어져 굴러갔다.

그것을 보고 옆에 있던 아줌마가 하나를 주워 자기 주머니에 넣으려고 했다. 그러자 어떤 사람이 보고 그 돈을 빼앗아 내게 건네주었다. 그래서 그 동전을 다시 주머니에 넣었다.

그리고 선수들을 살펴보니 각 팀별로 수십 명씩 되었다. 그래서 팀별로 대표 선수를 뽑아 뛰게 하고 나머지 사람들은 한쪽에 모여 자기 팀을 응원하는 방법과, 모든 선수가 동시에 뛰는 방법을 상의해서 선택하라고 했다. 그러자 그들이 모두 다 함께 뛰는 방법을 택했다.

그때 또 다른 선수들이 운동장 한편에 모여 있었다. 하지만 그들이 있어도 경기에 별다른 지장이 없다는 판단이 들어 그대로 두었다.

이어서 양 팀 선수들을 운동장 가운데 집결시키고 주의사항을 일러준 뒤, 가위바위보로 공을 선택할 권리를 주고 경기를 시작시켰다. (2005. 12. 03)

558. 교회 설립

교회를 설립하려고 하였더니 시작부터 완료까지 6단계가 보였다. 하지만 준비 단계만 기억날 뿐, 나머지 단계는 기억나지 않았다.

가는 길 바로 앞에 마룻바닥 같은 벽이 가로막고 있었다. 촘촘하면서도 가지런히 쌓아놓은 송판에 이음매가 보였으나 손톱만 한 틈도 없었다. 보일 듯 말듯 이은 흔적만 보일 뿐, 어느 것 하나도 틈이 없었다.

그러나 나는 어떻게 하든지 그곳을 지나가야 했다. 미세한 틈이라도 찾아보려고 여기저기 돌아다니며 긁어보기도 하고 두드려보기도 했다. 그러다가 나도 모르는 사이에 위로 올라가 있었다.

그런데 위에서 보니, 아래에 신발을 벗어두고 맨발로 올라왔다. 도로 내려가면 다시 올라오지 못할 것 같았다. 하염없이 기다렸다. 그때 한 귀인이 지나다가 내 사정을 알고 신발을 던져주었다. 그래서 신발을 받아 신고 길을 떠났다.

이후 어느 야영지에 도착하여 식사를 하게 되었다. '순종하는 여인'이 와서 시중을 들었다. 얼마나 친절하게 하는지 내가 민망할 정도였다.

그때 '거룩한 기도'라는 친구가 찾아왔다. 혼자 먹기가 어색하여 주춤거렸더니, '순종하는 여인'이 그 친구의 식사까지 갖다 주었다. 그런데 그 친구도 지나칠 정도로 겸손하여 내가 어쩔 줄을 몰랐다. (2005. 12. 4. 주일)

559. 예수전

언제부턴가 변기 안쪽에 딱딱한 변이 붙어있어 늘 꺼림칙했다. 수시로 물을 내려 보았으나 씻어질 기색이 없었다. 그러던 어느 날, 물을 내리자 달라붙은 덩어리가 시원하게 내려갔다. 하지만 일부 찌꺼기는 남아있었다.

그때 집게 같은 것이 옆에 있어 그 끝으로 살살 긁어내렸더니 비로소 깨끗이 씻어졌다. 그리고 수차례 물을 내려 흔적도 남기지 않았다. 속이 다시원했다.

아울러 옆에 있던 쓰레기통 속의 잡동사니도 비워버리고 마당까지 청소했다. 담장 넘어 이웃집 마당도 깨끗이 치웠다. 그리고 벽에 걸려 있는 시계의 찌든 때도 긴 집게 끝으로 긁어냈다. 그러자 옆에 있던 '가장 앞선 사람'이 말했다.

"익모초는 피를 맑게 하는 귀한 식물인데 왜 버렸지?"

그 말을 듣고 담장 위에 놓인 익모초를 쓰레기통에 던져버렸다. 키가 작아서 보잘것없는 데다가 군데군데 뿌리가 썩어있었기 때문이다. 그것을 보고 그가 다시 말했다.

"그래, 많이 상했어. 버려야겠어!"

그때 누군가에 의해 펼쳐지는 '豫受傳(예수전)'이라는 플랜카드가 보였다. 그것이 순수하게 '예수 이야기'를 의미하는지, 아니면 한문의 의미에 따라 다른 뜻이 있는지는 몰랐다. (2005. 12. 11. 주일)

560. 토끼와 고양이

어미 토끼가 새끼 3마리를 정성껏 키우고 있었다. 어미의 보살핌 속에서 새끼들은 안전한 토끼장에서 토실토실 자라났다.

그러던 어느 날, 어미 토끼를 잠시 밖에 내어놓았더니, 자기 껍질을 옷 벗듯 홀라당 벗어버렸다. 그때 참으로 놀라운 일이 일어났다. 껍질을 벗고 나온 토끼의 모습이 고양이였다. 그래서 토끼장 속에 다시 넣어주며 말했다.

"비록 모습은 고양이처럼 생겼으나, 옛 토끼가 새 토끼로 거듭났으니 더욱 선하게 살았으면 좋겠다."

그런데 이게 어찌 된 일인가? 토끼장 속에 넣어준 것이 토끼가 아니라 고양이였다. 그놈이 새끼 토끼를 통째로 한 마리씩 삼켜버렸다. 정말 끔찍했다. 얼마 후 토끼장 속을 보니 텅 비어있었다. (2005. 12. 19)

561. 옹벽 난간

시멘트로 포장된 길을 걸어가고 있었다. 왼쪽에 꽤 높은 옹벽이 있었고, 그 아래쪽에 넓은 들판이 있었다. 오른쪽은 가파른 산이었다.

그런데 가는 길 앞에 소형 화물차가 서 있었다. 우측 앞바퀴의 펑크로 타이어를 교체하고 있었다. 주변을 살펴보았으나 비켜가기가 쉽지 않았다. 지나갈 길은 왼쪽 옹벽의 난간뿐이었다.

그래서 옹벽 난간을 잡고 허리를 굽혀 조심조심 지나가고 있었다. 그때 화물차 좌측 앞바퀴가 미끄러지고 있음을 발견했다. 우측 앞바퀴를 자키로 들어 올리자 좌측 앞바퀴가 밀렸던 것이다.

그때 나는 참으로 어려웠다. 앞으로 나갈 수도, 뒤로 물러설 수도 없었다. 어물어물하다가는 자동차와 함께 낭떠러지로 떨어질 것이 뻔했고, 차 밑에 깔릴지도 몰랐다.

옹벽의 높이도 만만치 않아 쉽게 뛰어내릴 수도 없었다. 하지만 선택의 여지가 없었고, 시간적 여유도 없었다. 그래서 위험을 무릅쓰고 옹벽 아래로 뛰어내렸다. 다행히 큰 충격은 받지 않았다.

그리고 돌아보니, 아닌 게 아니라 화물차가 떨어지고 있었다. 다행히 그 차도 크게 상하지 않은 듯했다. 옆으로 비스듬히 누운 채 실려진 짐만 쭉 밀려 나왔다.

운전기사가 차 옆에 서서 누가 와서 도와주기를 바랐다. 그래서 내가 짐칸에서 빠져나온 짐을 안으로 밀어 넣어주었다. 그러자 언제 왔는지, 나 외에 다른 세 사람이 함께 도와주고 있었다.

그들의 도움으로 화물차는 수월하게 똑바로 세워졌다. 그러자 운전기사의 얼굴에 쌓여있던 수심이 일시에 사라졌다. 아주 기뻐하며 연거푸 감사를 표했다. (2005. 12. 20)

562. 겉옷과 속옷

얼마 전에 폭우가 내린 듯, 강에 흉용한 물결이 용솟음치고 있었다. 징검다리도 떠내려가 건너갈 길이 보이지 않았다. 강 복판에는 상당히 깊은 골이 있는 듯했다.

그때 한 중년 남성이 가봉만 한 것으로 보이는 허름한 겉옷을 걸치고 강을 건너고 있었다. 그가 강 가운데 이르자 사나운 물결이 그를 덮쳐 더 이상 보이지 않았다. 익사한 것이 아닌가 싶어 안타까운 심정으로 지켜보았다.

그런데 그가 강 건너편에서 두 팔을 벌리고 우뚝 서 있었다. 겁내지 말고 모두 건너오라는 제스처 같았다. 그때 그가 걸쳐 입은 겉옷이 앞면과 뒷면으로 정확하게 반씩 갈라져 있었다. 그 겉옷 속에는 조금도 흐트러지지 않은 정장 차림의 양복이 보였다.

그의 겉옷은 앞쪽과 뒤쪽의 두 폭 천을 대강 시침질하여 입은 것으로, 시침한 실이 풀려 그냥 천만 걸쳐놓은 듯했다. 겉옷은 속에 입은 양복을 보호하기 위한 목적으로 만들어진 것으로 보였다.

잠시 후 그가 겉옷을 휙 벗어 던지더니 뒤돌아서 걸어갔다. 마치 이 세상 모든 것을 미련 없이 훌훌 벗어던지고 구름에 달 가듯이 가는 나그네 같았다. 그 뒷모습을 보니 양복은 조금도 상함이 없었으나 많이 젖어있었다. (2005. 12. 24)

563. 교회와 자매

어린 꿀벌이 새벽녘에 일어나 오줌이 마렵다고 칭얼거렸다. 아이를 요강에 앉히려고 했지만 그 사이를 참지 못해 싸고 말았다. 걸레로 닦아보았으나 만만치 않았다. 그래서 우선 아이를 들어 따뜻한 이부자리로 옮겨놓았다.

어느 교회에서 일하고 있었다. 주변 사람들이 분주하여 한적한 곳으로 가서 원인을 살펴보았다. 그때 내가 기다리는 손님이 왔다고 해서 나가보니, 리더로 보이는 다소 뚱뚱한 자매가 있어 악수를 했다. 그런데 그 자매는 얼마 전에 만나 인사한 사람이었다.

하지만 그 옆에 내가 기다리고 있던 자매가 있었다. 그 자매는 자기 왼손으로 오른손을 들어 어렵게 악수했다. 그러고 보니 풍을 맞은 듯 오른쪽 반신이 불편스러워 보였다.

그리고 자매는 나와 악수를 하자마자 서둘러 뒷골목 좁은 공간으로 빠져나갔다. 그렇게 어디론가 사라지고 더 이상 보이지 않았다.

오랫동안 애타게 기다리던 자매가 그렇게 사라지자 너무 아쉽고 안타까웠다. 그때 자매는 원피스를 입고 있었으나 아래위가 반쯤씩 붉게 물들어

있었다. 그래서 더욱 안쓰러웠다. (2005. 12. 25. 주일/성탄절)

짙은 구름을 거두고 아침 안개를 사라지게 하듯, 내가 네 죄를 없애 버렸다. 너는 내게 돌아오라. 내가 너를 구원하였다. (이사야 44. 22)

564. 작은 생명체

엄동설한에, 하늘에서 작은 생명체 2개가 땅으로 떨어지는 모습이 보였다. 그 생명체는 손가락 한 마디보다 작았으며, 발가벗긴 채 어느 산기슭에 떨어져 눈 속에 파묻혔다. 그런데 이상하게도, 그 생명체에 대해서만은 그 어떤 감정도 느끼지 못했다. 그냥 무덤덤하게 잊어버렸다.

그리고 얼마의 시간이 흐른 후, 나는 어떤 사람과 함께 길을 가다가 불현듯 그 생명체가 불쌍하다는 생각이 들었다. 비록 늦게 깨닫기는 하였으나, 일단 그 생명체를 찾아 병원으로 옮기려고 했다.

그러나 눈 속에서 찾아낸 그 생명체는, 이미 본 형체의 모습을 찾아보기 힘들었다. 그래서 그의 소생 여부는 별로 관심이 없었다. 다만 연민에 의해 의사에게 부탁하고 가던 길을 갔다.

다시 세월이 흘러 늦은 봄이나 이른 여름쯤 되었다. 그때 나는 수많은 사람이 오가는 어느 소나무 숲을 거닐고 있었다. 웅덩이에 물이 있었다. 그 옆에 두 아이가 쓰러져 있었다.

그런데 아무도 그들을 거들떠보지 않았다. 하지만 나는 가던 길을 멈추고 그들을 일으켜 세웠다. 그러자 형으로 보이는 아이가 뭐라고 하면서 막 불평을 늘어놓았다. 그리고 혼자 어디론가 훌쩍 떠나버렸다.

그리고 동생으로 보이는 아이를 일으키자, 너무 기진하여 말도 하지 못했다. 어떻게 해야 좋을지 몰랐다. 그때 보호자로 보이는 사람이 나타나 그 아이를 데리고 갔다. 천만다행이라는 생각이 들었다. (2005. 12. 26)

565. 인생 드라마

한창 잘나가는 매니저로부터 새로운 드라마의 주인공을 맡아달라는 부탁을 받고 이렇게 대답했다.

"한 번도 해본 적이 없는 일을 내가 할 수 있을까요?"

"석 달 정도의 시간이 남아있으니 열심히 해보세요."

"그렇게 하도록 하지요."

그래서 나는 기성 배우들이 연습하는 모습을 둘러보게 되었다. 민속촌 같이 보이는 촬영장에 수많은 배우가 모여 있었다.

어떤 사람은 아름다운 노래를 불렀고, 어떤 이는 한복을 입고 갓을 쓴 양반으로 분장하여, 어설프게 마술을 연출하며 둘러선 사람들의 웃음을 자아냈다.

그때 내 옆에서 비스듬히 누워있는, 곧 나를 추천한 그 매니저에게 물어보았다.

"매니저를 천거한 매니저는 누구지요?"

"그분은 '춘연사년'이라는 사람입니다."

"'춘연사년'요?"

그가 말한 '춘연사년'이 사람인지 아닌지, 그 이름이 의미하는 바가 무엇인지 알 수 없었다. 또 '춘'자와 '사'자는 분명했으나, 이어지는 두 글자가 '연'

인지 '년'인지도 불투명했다.

그리고 첫 글자 '춘'은 봄 '춘(春)' 자를 의미하는 게 틀림없어 보였으나, '사'는 넉 사(四)'인지, 선비 사(土)'인지, 뱀 사(巳)'인지, 죽을 사(死)'인지, 아니면 다른 무슨 '사' 자인지 알 수 없었다.

하지만 2005년이 지나기 전에 본 '춘연사년'은 '春戀四年'이나 '春聯四姊'으로 짐작되었다. '春戀四年'이면 내가 연애한 4년이 되는 셈이고, '春聯四姊'이면 나와 연애한 4명의 연인을 의미한다고 볼 수 있다.

내가 이제껏 살아오면서 무슨 연기를 하였든, 아니면 쇼를 하였든, 바람의 먹이사슬이 되었든, 귀신의 농락에 놀아났든, 그 모든 것을 하나의 인생 드라마로 본다면, 그 해석이 가능할 듯했다. (2005. 12. 28)

566. 위대한 인생

오늘은 52주의 주말이요, 12월의 월말이요, 2005년의 연말이다. 새벽기도를 드리다가 잠시 눈을 붙였더니, A4 용지 한 장 반 정도의 메시지가 보였다. 하지만 유감스럽게도, 그 내용은 거의 기억나지 않고, 둘째 장 첫 줄에 있던 한 단어만 겨우 기억에 남았다.

그것은 생전 처음 보는 사자성어로 '생위상구'라는 말이었다. 그 의미를 풀어보려고 한문으로 보여주기를 원했더니 '生偉上丘'였다. '언덕 위의 위대한 인생'이라는 뜻으로 여겨졌다. 하지만 그게 구체적으로 무엇을 의미하는지 알 수 없었다. (2005. 12. 31)

예스 4, 희망의 나래

제18편

바람의 언덕

567. 새해 감사

2006년 새해에는 '주님의 사역에 전념하는 해'가 되기를 기도한다. 2005년 한 해를 돌아볼 때, 시나리오 없는 내 인생 드라마를 연출하신 하나님께 감사하지 않을 수 없다. 정말 극적이었다.

모든 것이 부족하여 하나님의 뜻을 알지도 못했고 순종하지도 못했지만, 그때그때 순간마다 합력하여 선을 이루신 하나님의 각본은 정말 상상을 허락하지 않을 정도였다. 항상 눈동자같이 지켜주신 하나님께 진심으로 감사드린다. 아멘. (2006. 1. 1. 주일)

568. 승부의 세계

'영원한 승리'라는 고수가 바둑을 두고 있었다. 판세를 보니 상대방의 말을 거의 전멸시키다시피 했다. 상대방은 이미 승부를 포기하고 자리를 떠났는지, 그 모습도 보이지 않았다.

"내가 대신 두어보겠다!"

그리고 이미 승패가 기울어진 바둑을 두기 시작했다. 심사숙고 끝에 상변의 죽은 말을 살리면서 고수의 대마를 도로 잡았다. 승패가 일순간 뒤집히는 듯했다. 그러자 고수가 좌변으로 뛰어들었다. 마지막 승부수를 띄운 것이다.

그때 나는 다소 여유가 있었다. 상대방 말을 잡는 척하면서 몰다가 살려주고 하변에 약간의 집을 지었다. 하지만 우변의 전투에서는 최선을 다해 보았으나 말을 살리지 못하고 죽였다. 그래서 큰 집을 허용하고 말았다.

그리고 판세를 보니, 상변의 집만 해도 바둑판 전체의 1/3이나 되었다. 하변의 내 집과 우변의 상대방 집이 엇비슷하여 상변의 집은 그대로 남아 보였다. 계가할 필요도 없었다.

그러자 고수는 자신이 패배했음을 시인하고 고개를 끄덕였다. 하지만 돌을 던지기가 아쉬운 듯, 우하변의 끝내기에서 손을 빼고 하변의 패를 유도해왔다. 그때 갈등이 생겼다.

"이 패를 받아줄까? 양보할까? 아니면 하변의 일부를 포기하고 우하변의 귀를 살리는 모험을 해볼까?"

하지만 마지막 실수를 기다리는 유치한 꼼수에 넘어가면 안 된다는 생각이 들었다. 승부의 세계는 냉정하고 선수의 욕심은 끝이 없는 법, 조금 양보하고 안정을 취하기로 했다. 그러자 고수가 허탈한 듯 돌을 던졌다.

(2006. 1. 3)

569. 불가사리와 뱀

어떤 사람과 나란히 언덕길을 올라갔다. 우측에 경사가 심한 낭떠러지가 있었고, 그 아래 깊은 계곡이 있었다. 그때 몸이 수 미터나 되는 불가사리와, 머리가 럭비공만 한 뱀이 동시에 올라오고 있었다.

그 순간 섬뜩한 느낌이 들었다. 길을 재촉하여 서둘러 그곳을 지나갔다. 그런데 처음 본 것과 똑같이 생긴 뱀이 우리가 가는 길 바로 앞에 버티고 있었다. 발걸음을 멈출 수밖에 없었다. 그 뱀이 나와 함께 가는 사람 옆에 와서 앉았다. 그때 그가 소리쳤다.

"물러가라!"

그러자 뱀이 내 옆으로 옮겨 앉았다. 나는 뱀에게 물려 죽지나 않을까 싶어 심히 두려웠다. 어떻게 해야 좋을지 몰랐다. 즉시 취할 조치를 놓치고 말았기 때문이다.

　그래서 나는 모든 것을 주님께 맡기고 눈을 감은 채 죽은 듯이 가만히 있었다. 한참 동안 침묵의 시간이 흘렀다. 그러자 뱀의 움직임도 없었다.

　하지만 언제까지 그대로 있을 수만은 없다는 생각이 들었다. 뱀이 앉아 있는 자리를 짐작하여 세차게 후려치면서 소리쳤다.

　"물러가라!"

　그때 나는 내 옆에 있던 의자의 다리를 후려치면서 현실로 돌아왔다. 강하고 담대한 믿음이 아쉬웠다.

　'받아들임'이라는 남종이 건빵 8자루를 가지고 와서 목사님들에게 나눠 주려고 하기에 내게도 좀 주라고 했다. 그러자 그는 픽 웃으며 들고 있던 건빵자루를 통째로 건네주었다.

　자루에 건빵 1/3가량이 담겨 있었다. 자루를 받아들고 나오면서 보니, '머리 위'라는 목사님도 1/2쯤 담긴 자루를 들고 걸어 나오는 모습이 보였다. 그런데 얼마 후 보니, 내 자루에는 건빵이 아니라 좁쌀이 담겨 있었다.

　그리고 나는 젊고 예쁜 자매의 무릎을 베고 반지하방 구석에 처박혀 나뒹굴고 있었다. 그 자매가 말했다.

　"'받아들임' 전도사도 교회에서 열심히 일하고 있잖아요? 그런데 당신만 이렇게 누워있어도 되겠어요?"

　"괜찮아!"

　하면서 나는 여전히 자매의 무릎을 베고 엉덩이를 만지면서 사랑놀이를 했다. 그때 창밖에서 비가 주룩주룩 내리는 소리가 들렸다. 귀에 익은 사역자들의 목소리도 들렸다. '받아들임' 전도사와 '다섯 승리' 목사, '최상 헌신' 목사 등이었다.

그들은 내가 있는 지하실 방으로 빗물이 스며들지 않도록 물길을 돌리고 있었다. 나와 내 가정을 위해 그들은 일하고 있었으나, 정작 나는 그 일을 거들떠보지도 않았다.

그때 반지하실 창문이 열리면서 군복 입은 한 병사가 나타났다. 그가 뭣이라 한마디 하자 '다섯 승리' 목사가 그 창문을 통해 방으로 들어왔다.

나는 다리를 풀고 느긋하게 누워 있었던바 몹시 부끄러웠다. 그래서 이불을 끌어다가 몸을 감쌌다. 당당하고 떳떳지 못한 내 행동이 너무 민망했다. (2006. 1. 04)

570. 찬양 표지판

'승리의 빛' 여종이 양방향 미닫이 출입문에 얇고 노란 돌판 2개를 붙였다. 눈높이에 맞춰 안팎으로 붙인 표지판을 보니, 사람의 옆모습이 새겨져 있었다. 이목구비가 뚜렷하고, 입은 크게 벌리고 있었다. 그때 여종이 말했다.

"들어가도 찬양하고, 나가도 찬양하세요!"

그리고 그곳을 지나 옆으로 가보니, 무슨 건조실 같은 토담집에 사람들이 굴뚝을 세우고 있었다. 집에 비해 굴뚝의 철관이 상당히 굵고 길었다.

철관의 둘레는 어른 팔로 한 아름이나 되어 보였고, 여러 개를 연결시켜 길이도 무척 길었다. 그래서 위에서 좌로 한번 휘어졌다가 다시 아래로 내려갔다. (2006. 1. 7)

571. 초콜릿 케이크

저만큼 떨어진 눈앞에 초콜릿 케이크가 보였다. 다소 시간이 지난 듯 녹아내리고 있었다. 가운데로 긁어모으고 아이스크림을 올려놓았다. 보기에 좋고 먹음직스러웠다. 그런데 그 속에서 들려오는 '생각의 아들'의 목소리가 있어 깜짝 놀랐다.

"아빠, 너무 무서워요!"

순간적으로 충격을 받고 자리에서 벌떡 일어나 기도하기 시작했다. 환상에서 벗어나 현실로 돌아와 있었다.

"아바 아버지 하나님, 제 아이들을 도와주십시오. 지금 이 시간 어디서 무엇을 하며, 어떻게 지내는지 주님은 아십니다. 주님이 아이들과 함께하여 주십시오. 주님이 허락하신 권세와 능력으로 능히 이기게 하십시오. 눈동자같이 보살펴주십시오. 주님이 친히 양육하여 주십시오. 주님 안에서 성장하고 성숙하게 도와주십시오." (2006. 1. 8. 주일)

572. 신선한 사랑

주님의 감동이 있어 선교 단체에 후원하려고 은행을 찾았다. 한 곳은 장애인을 돌보는 단체였고, 다른 한 곳은 여종이 운영하는 식당이었다.

그 선교회는 오래전부터 후원하다가 워크아웃을 준비하면서 중단한 곳이고, 여종의 식당은 처음이었다. 그때 식당 계좌번호를 보니 예금주가 '신선한 사랑'이었다. (2006. 1. 9)

573. 코끼리

내가 살고 있는 곳에 새로 지은 큰 예배당이 있었다. 교회 간판이 '하나님의 집'이었다. 거기서 새벽예배를 드리고 기도한 지 오늘로 5일째가 되었다.

그 건물은 현대식으로 지어진 10층 건물로 웅장하고 아름다웠다. 난방이 잘되어 따뜻한 안방 같았다. 의자도 1인용으로 푹신푹신했다. 거기서 7시까지 2시간 정도 기도했다. 새벽예배가 3차례나 있었다.

오늘도 그 자리에 앉아 눈을 감고 묵상하다가 환상을 보았다. 강단 옆 성가대 의자 사이에 기름이 가득 들어있는 드럼통이 있었다. 아무도 들 수 없을 정도로 무거워 보였다.

그때 코끼리 같은 짐승이 위에서 내려오더니, 두 앞발을 이용해 그 드럼통을 들어 옮겼다. 그동안 어울리지 않던 드럼통이 치워지자 속이 다 시원했다. (2006. 1. 19)

574. 구두와 운동화

여럿이 공동으로 사용하는 집기를 옮기고 있었다. 도르래를 이용하여 실내로 들이는 방법을 택했다. 책상과 회의탁자 등 무거운 짐들이 도르래에 달려 사무실 안으로 속속 들어왔다.

사무실 집기를 옮기고 언덕길을 올라갔다. 우측 아래 임의로 죽인 듯이 보이는 고목이 있었다. 그런데 누군가에 의해 고사목 그대로 조각되어 작품으로 만들어져 있었다. 지금까지 미처 보지 못한 걸작이었다.

그때 보니 내 손에 칫솔이 들려있었다. 식사하고 미처 양치질을 못 한 듯했으나, 가는 길을 재촉하기 위해 양치를 잠시 미루었다.

그리고 한참 언덕을 오르다 보니, 왼발에는 구두를, 오른발에는 운동화를 신고 있었다. 서둘러 사무실로 내려가 신발을 바꿔 신으려고 했다. 그때 구두를 맞춰 신어야 할지, 운동화를 맞춰 신어야 할지 고민이 되었다. 구두는 사무실에서, 운동화는 산행에 필요했기 때문이다.

다음 달에 안수 받을 예정이다. 기도하고 결심하는데 전도사의 중보기도가 힘이 되었다. 기도하면서 받아쓴 글이라고 하면서 이런 쪽지를 건네주었다.

"예비 목사님, 여기까지 인도하신 하나님께 감사드립니다. 나의 나 된 것은 전적으로 하나님의 은혜라고 하였습니다. 하나님께 감사하며 영육 간에 늘 강건하시기 바랍니다.

죽어가는 영혼을 주님 앞으로 인도하는 희생과 사랑의 목회자로서, 오직 주님께 영광 돌리는 훌륭한 목사님 되세요. 다시 한 번 축하드립니다. 돈, 여자, 권세만 버리면 목회에 성공합니다. 변치 않는 목사님 되세요."

(2006. 1. 20)

575. 달력의 글씨

새벽 3시 45분에 일어나 성경 6장을 읽고 '하나님의 집'으로 갔다. 기도하다가 환상 중에 달력을 보았다. 주일은 붉은 글씨였고, 나머지는 검은 글씨였다.

그런데 3번째 주일의 붉은 글씨 '20'이 검은색으로 바뀌더니, 월요일의 검은 글씨 '21'은 붉은색으로 바뀌었다. 그렇게 달력에 고정되었다.

지하 주차장에 내려가 보니 주차 공간이 3개 있었다. 왼쪽 주차선 안에는 레저용 지프가 반듯하게 세워져 있었고, 가운데는 비었으며, 오른쪽에는 화물용 포터가 주차선 밖에 서 있었다.

그리고 건물 안에 강단이 있었고, 강단 위에 의자가 일렬로 놓여있었다. 그 오른쪽 의자에 여전도사가 앉아있었다. (2006. 1. 22. 주일)

576. 에벤에셀 하나님

1970년 1월 24일은 잊으려야 잊을 수 없는 날이다. 그러니까 벌써 36년 전의 일이다. 그때 사고로 나는 치명적 장애를 입었다. 돌이킬 수 없는 강을 건넜지만, 주님의 은혜로 생명만은 지키게 되었다. 정말 기적이었다.

그 후 나는 파란만장한 세월을 보냈다. 여기까지 인도하신 에벤에셀 하나님께 감사를 드린다.

오늘도 3시 45분에 일어나 성경 말씀을 읽고 '하나님의 집'으로 갔다. 5시에 1부 예배를 드리고 기도하다가 7시에 2부 영상 예배까지 드렸다. 시편 118편을 들으면서 환상을 보았다.

'줄기와 잎'에 의해 '동녘의 봄'이 왔고, '가운데 산'도 일어나게 되었다. 기쁜 마음으로 거기서 나와 자동차를 타고 어디를 가고 있었다.

얼마쯤 가다가 보니 두 자매가 길을 건너고 있어 자동차를 세웠다. 그들 가운데 한 자매는 '승리의 빛' 전도사였다. 그 자매가 내 앞을 지나다가 나를 발견하고, 입을 함지박처럼 크게 벌려 기뻐했다.

그리고 상냥하게 웃으며 허리를 굽혀 공손하게 인사했다. 그 모습이 얼마나 아름답던지 새삼 놀랐다. 하지만 다른 자매는 얼굴을 놀린 채 뒤통수만 보이면서 그냥 지나갔다. (2006. 1. 24)

577. 공동체 이름

새벽 3시 40분에 일어나 약속된 말씀을 읽고 '하나님의 집'으로 갔다. 간밤에 일찍 잠자리에 들었더니 육신의 피곤함도 가시고 없었다.

기도 중에 사역을 위해 간구했더니 공동체의 이름이 영감으로 다가왔다. '누구나 와서 기도하고, 평화를 누리는 스무 자 교회', '누구나 와서 기도하고, 주님과 더불어 안식과 평화를 누리는 서른 자 공동체'였다.

참으로 놀랍고 기발한 이름이었다. 그때 그 이름에 걸맞은 운영규정을 제정하여, 공동체에 활력을 불어넣어야 한다는 생각도 들었다. (2006. 1. 25)

578. 동행 동역

"오, 주 예수여! 오늘도 주님과 동행하고 동역하기 원합니다. 주님의 사역에 전심으로 전력하는 종이 되기 원합니다. 저를 굽어살펴주소서. 아멘."
(2006. 1. 26)

579. 봉고차 전도

지난밤 부모님이 살고 있는 진보에 도착하여 하룻밤을 보냈다. 주유소 옆 평지에 위치하여 바람이 많은 언덕 위에 있을 때보다 아늑하고 포근했다. 동향에다 통풍도 좋고 햇볕도 잘 들었다. 편히 자고 새벽녘에 꿈을 꾸었다.

봉고차를 타고 가면서 복음을 전했다. 차가 많은 거리를 요리조리 지나갔다. 운전사가 갑자기 차를 후진시켜 길가 주차장에 차를 세웠다. 주차한 공간을 보니 1cm의 여유도 없었다. 다른 차들이 조심조심 빠져나갔다.

그때 나는 차에서 내려 '바르고 거룩한 진리'라는 주의 종을 만났다. 그가 나를 귀히 여기며 무슨 사역을 맡기려고 하였다.

그리고 '거룩한 산' 기도원에서 복음을 전하는 '은혜의 꽃' 원장이, 나의 독신을 안쓰럽게 여기며 무슨 은혜를 베풀려고 하였다. (2006. 1. 27)

580. 가족 전도

"이제 며칠 후면 아들이 목사가 됩니다. 목사의 부모님이 교회에 나가지 않아서야 말이 되겠습니까? 주변 사람들이 뭐라고 하겠습니까?"

어제는 이렇게 전도의 포문을 열었고, 오늘은 동생 내외에게 복음의 필요성을 역설하였다. 가족이 모두 한마음으로 받아들였다. 오랫동안 기도한 과제가 결실하여 열매를 맺었다. (2006. 1. 28)

581. 새 마음 운동

새벽기도 중에 피곤하여 잠시 졸았더니, 십자가 위의 전광판에 불이 켜지면서 '새 마음 운동'이라는 글이 나타나 보였다.

중요한 예배가 있어 기다렸으나 까닭 없이 지체되었다. 그런데 얼마 후 보니, 사람들이 나를 빼고 예배를 드리는 듯했다. 나는 성경을 들고 옆방에 앉아있었으나, 예배를 드리는 낌새도 느끼지 못했고, 예배를 드리는 그들의 모습도 볼 수 없었다.

'바른 뿌리'라는 사람의 안내로 무슨 목적을 이루기 위해 산을 내려가고 있었다. 내려가는 도중에 '병든 나라'와 합류했다. 뒤에는 '권능 성취'가 조용히 따라오고 있었다.

이윽고 산 아래 마을에 도착했다. 그때 '바른 뿌리'가 특별한 사유도 없이 다시 산으로 돌아가라고 했다. 옆에 있던 '병든 나라'도 그의 말대로 하라고 했다. 그래서 나는 다시 산으로 올라가게 되었다.

그때 뒤를 돌아보니 '권능 성취'도 나처럼 산으로 올라오고 있었다. 그를 보고 한번 씽긋 웃었더니, 그도 씽긋 웃어주었다. (2006. 1. 31)

582. 바람의 언덕

오늘은 절기상 입춘(立春)이다. 주의 종으로 입성한다. 모든 것을 내려놓고 다시 시작한다. 몸도 씻고 옷도 빨았다. 180시간 금식하며 매일 2시간 이상 기도했다. 지난 50년을 역사의 뒤안길로 보내고, 새로운 인생의 지평을 연다. 바람의 언덕에 서서 입춘대길(立春大吉)을 바라본다.

내 생각과 언어와 행동이 주님의 언행심사로 바뀌고, 내 지성과 감성과 의지가 주님의 영성으로 변하며, 내 겉 사람과 속사람이 주님의 모습으로 나타나며, 내 인격 속에서 주님의 빛이 비치고, 주님의 향기가 발하며, 주님의 편지가 되기를 기도한다. (2006. 2. 4)

그는 시냇가에 심은 나무가 철 따라 열매를 맺고, 그 잎이 시들지 아니함 같으니, 그가 하는 일마다 잘 될 것이다. (시편 1. 3)

583. 준비기도

조용히 임직했다. 작정한 금식도 끝나고 목적한 기도도 마쳤다. 이제부터 낯선 여행길이 시작된다는 느낌이 들었다. 새로운 마음으로 새벽기도를 드리고 싶어 일어나 앉았다. 하지만 그동안의 강행군으로 피로가 쌓인 듯, 잠시 기도하다가 그대로 쓰러졌다.

그리고 주일예배와 찬양예배를 드린 후 기도원으로 올라갔다. '승리의 빛' 전도사가 갑자기 제안했으나, 사역을 위한 준비기도가 필요하다는 주님의 뜻으로 여겨졌다. 사실 개척을 앞두고 서둘러 안수를 받았던바, 여러모로 준비가 부족한 상태였다.

그러니까 지난해 4월에 주님이 불러 소명을 주시고, 적어도 1주일 이상을 눈물로 회개시키신 곳이 바로 그 기도원이다. 그때 나는 한 치 앞을 내다볼 수 없을 정도로 어려운 처지에 있었다.

그러나 이제 새로운 사명을 받아 다시 기도원으로 올라왔다. 우리는 각자 기도실에서 자기 사역을 위해 간절히 기도했다. 그때 내 마음속에서, 내

입술을 통해 자연스레 나온 말씀이 있었다. 시편 118편 22절이었다.

'건축자가 버린 돌이 집 모퉁이의 머릿돌이 되었다.' (2006. 2. 5. 주일)

584. 사역 준비

신학교 학장님의 면담 요청이 있었다.

"지금 이혼하고 혼자 사는 거야?"

"예."

"다시 합치거나 재혼할 생각은 없어?"

"예."

"그러면 목회할 수 없어. 어디서나 마찬가지야."

"교단에 누가 되지 않도록 제가 알아서 하겠습니다."

"그건 그렇고, 우리 선교회를 맡아서 일할 생각은 없나? 이 목사님이 이 달 말일부로 그만두고 교회를 개척한다고 해서 말이야. 선교회 사역도 중요한 목회야."

"학장님께서도 아시다시피, 저는 몸이 불편한 장애인입니다. 행정 업무라면 몰라도, 차량 운전과 전도 지원 등 활동성이 요구되는 선교 업무는 아무래도 부담이 됩니다."

"그래도 한번 해봐. 맡길 만한 사람이 없어. 차량 운전이 문제라면 오토로 바꾸면 되지 않겠나?"

"기도해보겠습니다만, 저도 지금 개척을 준비하고 있고, 책도 쓰는 것이 있고, 그동안 해오던 일도 마무리해야 하는 부담이 있습니다."

"알았어. 기도해봅시다."

다음 날 아침, 나는 이렇게 메일을 보냈다.

"학장님, 먼저 깊이 감사드립니다. 어제 말씀하신 선교회 사역에 대해 곰곰이 생각해보았습니다만, 아무래도 힘들 것 같아서 우선 메일을 보냅니다.

아시는 대로 선교회 업무는, 매주 전도 지원과 차량 운행, 1년에 2차례에 걸친 해외 선교 등 활동성이 요구되는 일이 많습니다. 다리에 장애가 있는 저로서는 아무래도 무리일 듯합니다.

적재적소에 필요한 일꾼을 구하기가 쉽지 않다는 사실과, 진지하게 부탁하신 학장님의 입장을 헤아려 순종해야 마땅하지만, 부득이한 제 사정을 헤아려 양해해주시기 바랍니다. 선교회와 신학교, 교회, 교단을 위해 저도 기도하겠습니다. 감사합니다."

그리고 '승리의 빛' 전도사의 면담이 있었다.

"교회 개척하실 거예요?"

"해야지요."

"그러면 제가 필요하세요."

"음, 그럴 수도 있겠지요."

"한참 후에 대답하시네요. 개척하시면 실패할 수 있어요."

"개척한 사람들의 97%가 실패한다는 말을 귀가 닳도록 들어서 잘 알고 있습니다."

"그저 그렇다는 말이에요."

"하지만 실패를 염두에 두고 개척하는 사람은 더 이상 실패하지 않습니다."

"하긴 그러네요. 사실은 제가 사역에 문제가 생겨서 다음 주일부터 3주

정도 철야기도를 할까 하는데요. 새벽기도 대신 철야기도에 함께하시지 않을래요?"

"몇 시에 시작해서 몇 시에 끝나는데요?"

"밤 10시에 시작하여 다음날 1시에 끝나죠."

"그렇다면 3시나 되어 집으로 돌아가 자게 되는데, 낮과 밤이 바뀌는 생활을 감당할 수 있을까요?"

"특별히 잘못한 것도 없는데 목사님이 약속을 지키지 않고 아무 말씀이 없어요. 그래서 주님의 인도하심을 받고 떠나려고요. 기도해보고 가라는 곳에 가기를 원해요. 철야기도 혼자라도 갈 거예요."

"합력시켜 선을 이루시는 하나님께 감사합시다." (2006. 2. 8)

585. 하나님의 꿈

새벽기도 중에 환상으로 휴대폰 벨이 울려 받았으나 아무 말이 없었다.

"하나님께서 전화하신 건가?"

하면서 전화기를 보니 메시지가 남겨 있었다. '하나님의 꿈'이라는 하얀 글씨였다.

그리고 성경을 보니, 마지막 장 마지막 절에 이런 말씀이 있었다.

'언제 어디서 무슨 일이 있든지, 주(主)의 뜻을 춘(春)이 감당하리라. 춘(春)은 예외니라.'

혹시 내가 그 글을 잘못 보았는가 싶어 거듭 보았으나 틀림이 없었다. 정말 이상했다.

"어느 성경에 이런 비슷한 말씀이라도 있었던가?"

그리고 얼마쯤 지나 바둑판이 보였다. 우측 상단의 4분의 1이 두어진 상태였다. 백이 흑을 잡고 큰 집을 지었다. 흑은 대마가 죽는 바람에 거의 모든 돌이 사석이 되어 패색이 짙었다. (2006. 2. 9)

586. 영원한 빛

간밤의 수면 부족으로 피곤함을 느꼈다. 초저녁에 자리를 깔고 누웠다.

어느 동산에 올라가 넓은 들판을 바라보고 있었다. 아래쪽에서 '영원한 빛' 중개사가 분주히 오가는 모습이 보였다. 그러다가 내게 다가와 종이 한 장을 건네주었다. 물건 명세와 아울러 48,400,000원이라는 금액이 적혀 있었다.

그리고 잠시 후 다시 와서 말했다.

"이제 한 사람이 물건을 보고 왔어요!"

하면서 또 종이 한 장을 건네주었다. 이번에는 내 부동산 명세와 아울러 아래쪽에 48,600,000원이라는 금액이 적혀 있었다.

그 종이는 손님에게 브리핑할 자료로 보였으며 그가 임의로 만든 것이었다. 그리고 매수 협의에 상당한 진척이 있어 곧 계약이 성사될 것임을 시사했다. 그때 다시 들판을 보니, 여인들이 땅을 답사하고 논둑길로 걸어오는 모습이 보였다.

그리고 보니 내 차를 옮겨야 했다. 동산 위에 주차 공간이 마땅치 않았다. 그래서 차와 차 사이를 곡예 하듯이 빠져나가 산 중턱에 주차했다.

그리고 다시 올라가 땅을 답사하고 돌아온 여인들의 연락처를 물어보았다. 하지만 그 이름을 제대로 알아듣지 못했다. 그래서 다시 물어보고 받아쓰고, 또 물어보고 받아썼다. 하지만 그것도 아니라고 하여 정말 답답했다.

그때 옆에 있던 한 자매가 내가 들고 있는 종이와 볼펜을 빼앗아 직접 써 주었다. 그 이름을 보니 '도승녀'였다. 그 의미가 무척 궁금했다.

그때 세 여자가 생각났다. 내 청춘을 빼앗은 여자, 내 재산을 앗아간 여자, 내 양심을 짓밟은 여자였다. 그런데 그 여자가 누구인지, 사람인지 아닌지, 다른 무엇을 의미하는지 나도 몰랐다. (2006. 2. 12. 주일)

587. 벧세메스 소

"오, 아버지 하나님이시여! 저를 도와주십시오. 저는 주님의 종입니다. 주님이 저를 불러 종으로 세워주셨습니다."

간절히 기도하다가 새 수레를 끌고 벧세메스(Beth Shemesh, 태양의 집)로 올라가는 소를 보았다. 순간 감정이 북받쳐 눈물이 흘러내렸다.

'새 수레에 하나님의 법궤를 싣고 벧세메스로 올라가는 소를 보라! 아직 멍에를 메어본 적도 없고, 젖 먹는 송아지까지 딸린 소다. 하지만 좌고우면하지 않고 눈물만 흘리며 벧세메스로 올라갔다. 그렇게 벧세메스에 도착하자 사람들은 소를 잡고 수레를 쪼개 하나님께 번제로 드렸다.'
(사무엘상 6장)

그때 언젠가 들은 적 있는 고려의 문인 이규보(李奎報, 1168-1241)의 시가 생각났다.

'화소성미청(花笑聲未聽)이요, 조제루난간(鳥啼淚難看)이니라. (꽃은 웃어도 소리가 없고, 새는 울어도 눈물이 없구나.)' (2006. 2. 15)

588. 벧세메스 사명

얼마 전 교단 선교회를 맡아달라는 노회장의 부탁을 받았으나, 나는 사정상 어렵다고 정중히 사양했다. 그런데 이번에는 교무처 학사 업무를 맡아달라고 하였다.

그래서 오늘 새벽, 그 일로 다시 기도했다. 먼저 신학교와 선교회, 교회와 교단의 조직을 정비하고, 업무 체계를 바로 세울 방안을 구상했다. 그러다가 환상을 보았다.

사철나무로 네모반듯하게 둘러싸인 생울타리 속을 거닐고 있었다. 그런데 자세히 보니 나무로 심어진 울타리 속에 철조망이 쳐져 있었다. 그것도 3겹이나 되었다. 어디 빠져나갈 구멍이 없는가 싶어 보았으나 찾을 수가 없었다. 마치 새장 속에 갇힌 기분이었다.

"오, 주여! 제가 잘못 생각했습니다. 학교 일은 제가 할 일이 아닌 듯합니다. 저를 인도하여 주소서."

그리고 무슨 사역을 언제 어떻게 해야 할지 다시 여쭤보았다. 그러자 하얀 한복을 입은 농부 10여 명이 2줄로 나란히 서서, 마치 행군을 하듯이 씩씩하게 걸어 나오는 모습이 보였다. 이어서 그들 옆으로 이루 헤아릴 수 없을 정도로 많은 사람이 인산인해를 이루며 몰려나왔다.

"주여, 제가 농촌 사역을 하기 원하십니까?"

하면서 다시 기도했더니, 세미한 주님의 음성이 들려왔다.

"아들아, 너는 아직 멍에를 메어본 적도 없고 돌볼 아이도 있다. 너는 제사장의 성읍이자 군사상의 요충지인 벧세메스로 올라가야 한다. 법궤 실은 새 수레를 끌고 눈물을 쏟으며 앞만 보고 걸어가야 한다. 그리고 '하나님의 구원' 밭에 이르면 수레를 쪼개 불을 일구고 네 몸을 제물로 바쳐야 한다."

그때 울컥하면서 솟아나는 눈물을 참을 수가 없어 한없이 울었다.

"그곳을 정녕 제가 가야만 하고, 그것이 하나님의 영광을 드러내는 길이라면, 제가 어찌 피할 수 있겠습니까? 일찍이 주님 앞에 맺은 약속을 지키게 하십시오. '무 유골 무 유품 무 유산'의 약속을 지키게 도와주십시오. 내주(來住)하시고 내주(內住)하신 내 주(主) 예수님이시여, 이 종이 주님의 뜻을 따르겠습니다. 저를 벧세메스로 보내주십시오." (2006. 2. 16)

589. 서류철 보관

새벽기도를 드리고 있었다. 환상 가운데 서둘러 서류를 정리하고 떠나려고 했다. 서류철을 챙겨 파일박스에 넣으려고 하였더니, 그 서류함이 무슨 닭장 같았다. 그런데 그 속에 돼지 똥이 가득했다.

그래서 거기 서류철을 넣어야 할지 말아야 할지 고민이 되었다. 하지만 서류를 보관해야 홀가분하게 떠날 수 있었다. 이런저런 방안을 찾아보았으나 뾰족한 수가 없었다.

거기서 한참 우왕좌왕했더니 내 옷에 돼지 똥이 묻었다. 교역자가 입는 옷이어서 안타까운 마음이 들었다. 아무튼 더 이상 지체할 수가 없었다.

마음은 내키지 않았으나 수북이 쌓인 돼지 똥 위에 서류철을 넣고 자리로 돌아갔다. 그때 사람들이 일을 끝내고 자리를 뜨는 모습이 보였다.

(2006. 2. 18)

590. 책상 배치

새벽기도 중에 잠깐 환상이 보였다. 그리 넓지 않은 사무실 공간에 팀별로 책상을 배치하고 있었다. 그런데 이리 놓아보아도 맞지 않고, 저리 놓아보아도 내키지 않았다. 안타까운 마음을 금할 수가 없었다. (2006. 2. 19. 주일)

591. 책과 저울

새벽기도 중에 환상을 보았다. 어느 예배당에 긴 의자 대여섯 개가 한 줄로 놓여있었다. 그런데 2번째 의자 왼편에 대여섯 권의 책이 있어 부담되었다.

그리고 책이 놓인 의자 밑에 저울도 있었다. 바늘이 800g에서 900g 사이를 가리켰다. 하지만 그게 무엇을 의미하는지 몰랐다. (2006. 2. 20)

592. 석상의 요동

어느 옥탑방에서 휴식을 취하다가, 창문을 열고 밖을 바라보았다. 한 형제는 서서 무슨 곡식을 밀개로 뒤집고 있었으며, 두 여종은 앉아서 무엇인가 열심히 말리고 있었다.

그때 어떤 사람이 큰 돌을 지고 와서 비키라고 하면서 옆으로 떨어뜨렸다. 그런데 그 돌이 살아있는 생물체처럼 스스로 몇 바퀴 구르더니 똑바로 일어섰다.

그리고 거기서 일하고 있던 늙은 여종을 덮치려 하다가 가까스로 비켜 난 뒤, 난간으로 올라가 아래로 굴러떨어질 듯하다가, 빙그레 돌면서 다시 안쪽으로 내려왔다.

그렇게 요동을 치다가 옥상 한편에 우뚝 선 것을 보니, 화강암을 깎아서 만든 석상이었다. 아래쪽 반은 반듯하게 세우기 위한 받침대로 줄이 3개 그어져 있었으며, 위쪽 반은 예수님의 형상으로 허리를 굽혀 막 달려가려 는 포즈를 취하고 있었다.

그리고 양손에 구슬이 하나씩 쥐어있었고, 양쪽 허리에도 하나씩 있었 다. 그 구슬은 목걸이 줄 양 끝에 매달려 있었다. 그래서 구슬이 모두 4개 였는데, 볼링공만 한 크기로 검고 반들반들한 것이 무슨 폭약처럼 보였다.

(2006. 2. 25)

593. 사형 선고

죄목도 모른 채 사형 선고를 받고, 무한정 대기하는 상태에 있었다. '영원한 진리'라는 주의 종이 나를 무시로 감시했다. 언제 어떻게 사형이 집행될지 몰라 나는 늘 좌불안석이었다. 다행히 불구속 상태여서 몸은 자유로웠다.

그러나 내 마음은 잠시도 편할 날이 없었다. 아무리 생각해도 사형당할 만한 죄를 지은 기억이 없어 억울하다는 생각이 들었다. 그때 막상 죽는다 고 생각하니 현세에서 못 다 한 일에 대한 아쉬움이 컸다. 더욱이 평소 쉽 게 말하던 것과 달리, 사후 세계에 대한 불안감도 나를 휘어잡았다.

그러다가 사형 제도가 폐지되었다는 기쁜 소식이 들렸다. 그야말로 세상에서 둘도 없는 복음이었다. 그때 나는 사형당할 만한 죄를 지은 사실이 없다는 사실과, 애당초 나를 사형할 의향이 없었다는 느낌을 받았다. 단지 하나님께서 내 믿음을 시험하신 듯했다.

그러고 보니 내가 주의 종으로 부름을 받고도, 여전히 사후 세계에 대한 믿음과 구원의 확신이 부족한 듯했다. 참으로 안타까운 일이었다.

새벽 3시경 일어나 창밖을 보니 비가 주룩주룩 내리고 있었다. 잠시 책을 보다가 시간이 되어 기도하기 시작했다. 하지만 육신이 피곤하여 비스듬히 누운 채 잠이 들었다. 그때 의미 있는 환상이 또 보였다.

'거룩한 선생'이라는 교수님이 열강을 하다가 누군가를 향해 소리쳤다.

"공부하다가 자면 되겠어요?"

그러자 학생들이 서로 마주 보며 수군거렸다. 그래서 나도 내 주변을 살펴보았다. 그런데 졸고 있는 그가 바로 나 자신이었다. 그때 보니 내가 실제로 기도하다가 비스듬히 누워서 졸고 있었다. 현실의 상태가 그대로 보였던 것이다.

실내화 같은 운동화를 신고 논둑길을 따라 집을 향해 걸어가고 있었다. 오른쪽 신발에 흙이 묻어 길가 도랑물에 발을 담가 흔들어 씻었다. 그리고 왼쪽 신발도 더러워 역시 도랑물에 담가 같은 방법으로 씻었다.

그리고 얼마 후 다시 보니, 또 양쪽 신발이 흙으로 더러워져 있었다. 먼저 왼쪽 신발을 물에 넣어 씻다가, 오른쪽 신발까지 물에 넣어 한꺼번에 씻었다.

그때 내 몸이 물속으로 빠져들어 가는 느낌이 있어 논둑에 비스듬히 드러눕고 말았다. 몸을 일으켜 보려고 버둥거렸으나 하체보다 상체가 무거워 쉽사리 일어날 수가 없었다. 때맞춰 꿀벌이 나타나 손을 내밀었다. 그래서 쉽게 일어나게 되었다. 다행히 신발도 깨끗했다. (2006. 2. 26. 주일)

594. 일병일어

황량한 광야에서 무슨 일을 하다가 시장기를 느껴 매점으로 들어갔다. 요기할 음식을 찾아보니 마침 김이 무럭무럭 나는 떡과 물고기가 있었다.

그런데 먼저 온 사람이 떡과 물고기를 이리저리 뒤척이고 있었다. 왜 그러는가 보니, 충분히 데워지지 않아 딱딱한 것이 있었다. 그래서 따뜻하고 부드러운 것을 골랐다.

그때 한쪽 모서리에 쌓인 음식을 보니 역시 덜 데워져 딱딱했다. 나도 덜 데워진 음식을 옆으로 제쳐놓고 이리저리 뒤척였다. 맨 아래쪽에 잘 데워진 떡과 물고기가 있었다. 그래서 하나씩 취했다.

그리고 카운터 아가씨에게 계산을 부탁했더니, 손가락으로 나를 지목하면서 옆 사람들에게 생뚱맞은 말을 했다.

"일기가 고르지 않아서 그런지 방귀가 자꾸 나왔어요. 그래서 잠시 밖으로 나가 2번이나 뀌었어요. 그때 이 사람이 들어왔어요."

그리고 보니 내가 매점으로 들어올 때 카운터에 아가씨가 없었다. 그 말을 듣고 다소 기분이 언짢았으나 별일 아닌 것으로 생각하여 떡 한 개와 물고기 한 마리를 샀다.

그때 오병이어로 오천 명을 먹이시고 남은 조각 열두 광주리를 거둔 예수님의 표적이 생각났다. 그래서 이렇게 기도했다.

"내주(來駐)하시고 내주(內住)하시는 내 주 예수님이시여, 내가 주님을 사랑합니다! 주님의 오병이어 기적으로 종에게 일병일어의 기적을 베풀어주소서."

오늘 새벽에도 사역을 위해 기도하다가 잠시 환상을 보았다. 눈앞에 보이는 것 같기도 하고, 머릿속으로 상상하는 것 같기도 했다.

무슨 인가를 받기 위해 구름 속을 걸어서 하늘로 올라갔다. 거의 다 올라갔다고 느꼈을 때 두 줄이 그어진 건널목이 있었다. 거기서 더 이상 올라갈 수 없었다. 다른 사람들도 마찬가지였다.

그때 한 아가씨가 나를 대신하여 건널목 건너편 구름 속으로 올라갔다. 어느 정도의 시간이 걸릴 것으로 생각했으나, 어느새 다시 내려와 내 맞은편에 서 있었다. 아가씨의 옆구리에 허가증이 끼워져 있었다. (2006. 2. 28)

595. 금식기도

교회개척을 위해 84시간 금식기도를 드리다가 주님의 음성을 들었다.
"아직 영양분이 부족하지 않느냐?" (2006. 3. 1)

596. 감사와 보람

'감사함으로'와 '두 보람'이라는 글이 새겨진 문서가 보였다. 그리고 어느 숲 속 한적한 곳에 아름다운 집이 있었다. 뒤뜰에 텃밭도 있었다. 줄줄이 촘촘하게 자라난 보라색 아이리스 꽃이 흐드러지게 핀 모습도 보였다.

(2006. 3. 2)

597. 축제의 장

오늘 3월 첫 주에 교회 창립을 위한 준비 예배를 드렸다. 내 생애 처음으로 공적 예배를 인도했다. 어제 천마산기도원에서 동역을 약속한 전도사들과 기도한 후 결정했다. 하지만 여러모로 준비가 부족했다. 교회 이름도 아직 정하지 않았다.

교회당 장소만 정했다. 보증금 1,500만 원에 월세 100만 원이었다. 보증금과 월세가 다소 부담되었지만, 1년 내 200명으로 성장시킬 자신이 있다는 전도사들의 패기에 더 이상 미루지 못하고 다음 주에 계약하기로 했다.

새벽에 교회 이름을 위해 기도했다. 그때 내 머리 위에서 강렬한 빛이 비쳤다. 점점 더 강해지더니 태양이 내 머리에 임한 듯했다.

그 빛이 내 머리에서 몸까지 내려오면서 마치 삼각뿔 원통에서 아래쪽으로 빛을 발하듯 내게 집중적으로 비쳤다. 그 빛이 너무 강렬하여 아무것도 보이지 않았다. 사방천지가 온통 캄캄했다.

그러다가 얼마 후 빛이 흩어지면서 주변의 어둠이 물러가기 시작했다. 눈을 떠보니, 넓은 예배당에 한 자매가 울면서 기도하다가 손수건으로 눈물을 닦고 있었다. 모든 것이 텅 비어있었다. 천천히 걸어 나오며 그 자매를 위해 기도했다.

오피스텔로 돌아와 창립예배의 설교를 준비했다. 당연히 교회에 관한 메시지였다. 원고가 작성되자 전도사가 들어왔다. 교회 이름은 '축제의 장, 광명교회'로 정했다. 교회명은 성경적이고 부르기 쉬워야 했다. 그래서 성경 속의 지역교회, 광명에 있는 교회라는 뜻으로 '광명교회'로 했다.

그리고 하나님 나라의 잔치가 있는 곳, 즉 천국의 축제 마당이라는 뜻으로 '축제의 장'이라는 머리글자를 붙이기로 했다. 그래서 봉투에 '축제의 장, 광명교회'라 쓰고, 첫 번째 감사헌금을 드렸다. (2006. 3. 5. 주일)

그의 집에는 부귀와 영화가 있을 것이며, 그의 의로운 행위는 영원히 남을 것이다. (시편 112. 3)

598. 아말렉 족속

교회 창립을 위한 7일간의 금식기도가 끝났다. 오늘부터 새벽예배를 인도하기로 마음먹었다. 책을 보다가 1시가 넘어 잠자리에 들었더니 일어나기가 쉽지 않았다. 너무 피곤하여 기도하다가 옆으로 비스듬히 쓰러져 누웠다.

"나 혼잔데 뭘, 좀 더 자고 일어나 하자."

하면서 몽롱한 상태로 있었다. 그때 내 영혼 속에서 끊임없이 들려오는 소리가 있었다.

"아말렉, 아말렉, 아말렉 …"

그래서 잠시 눈을 뜨고 생각했다. '아말렉 족속', '이스라엘 원수', '아말렉 전투' 등이 머릿속에 떠올랐다. 하지만 그것이 무엇을 의미하는지 구체적으로 몰랐다. 너무 피곤하여 더 이상 묵상할 기력도 없었다. (2006. 3. 6)

599. 거짓말쟁이

자정이 조금 지나 일어났으나 잠을 이룰 수 없었다. 책을 펼쳐보았으나 역시 머리에 들어오지 않았다. 잠도 오지 않고 공부도 되지 않았다.

이래저래 마음이 불편하여 뒤척이다 불현듯 떠오르는 생각이 있었다. 내가 주의 종임을 망각하고 거짓말쟁이가 되었던 것이다. 그래서 즉시 회개했다.

그러니까 지난해 2005년 2월이었다. 사정상 교회는 다니지 않고 스스로 집사라는 사람에게 1,500만 원을 받고 땅을 판 적이 있었다.

그는 재테크로 투자하여 2,000만 원에 도로 팔아달라고 했다. 그래서 다시 시내 중개인에게 2,000만 원에 팔아달라고 내놓았다. 그것이 지난달 계약되었다. 그때 내가 거짓말을 했다.

"집사님, 부탁하신 땅을 2,000만 원에 살 사람이 나타났습니다. 그런데 중개료 50만 원을 요구하니 1,950만 원만 받고 파세요."

그리고 그 땅을 중개한 사람에게 말했다.

"주인이 2,000만 원을 받지 않으면 땅을 팔지 않겠다고 합니다. 그러니 수수료로 50만 원을 주십시오."

그래서 나는 양쪽에 거짓말을 하여 50만 원씩의 수수료를 받았다. 그런데 어제 잔금을 받고 이전 서류를 넘겨주면서, 내가 거짓말한 사실을 실토함으로써 부끄러운 일을 자초했다. 결국은 하나님의 영광을 가리게 되었다.

내가 무엇을 하든지, 내 일거수일투족이 하나님의 영광과 직결된다는 사실을 깨달았다. 이제부터 정말 진실하게 살기로 다짐했다. (2006. 3. 7)

여러분은 거짓말하지 마십시오. 여러분의 옛사람은 죽었고, 이제는 새 사람이 되었습니다. (골로새서 3. 9-10)

600. 복주기 전집

새벽기도 중에 환상으로 보니, 교회당 의자 위에 책 한 권이 놓여있었다. 제목을 보니 '복대기'였다. 그리고 잠시 후 다시 보니, 그 책 위에 또 책이 있었다. 그 제목을 보니 '복주기 전집'이었다. (2006. 3. 7)

601. 400m 계주

어제 교회당으로 사용할 건물을 계약했다. 광명시청 인근에 있는 독서실로 보증금 1,500만 원에 월세 100만 원이었다.

"주여! 이제 제가 새 수레를 끌고 벧세메스라는 우상의 도시로 들어가게 되었습니다. 여러모로 힘이 부칩니다. 주님의 지혜로 채워 주십시오."

그때 내 머리 위에서 주님의 음성이 들렸다.

"이제부터 400m 계주를 정말 잘 달려야 한다." (2006. 3. 8)

602. 3% 성공

"목사님, 무겁다면 무겁고 가볍다면 가볍겠지만, 제가 얼마나 도움이 될지 모르겠어요. 요즘 97%가 실패한다고 하지만, 목사님은 3% 안에서 100% 성공하실 것이라 믿어요. 주님의 뜻에 합한 자로서 전심전력하고, 이 생명 다할 때까지 목사님을 보필하며 따를 거예요."

"요즘 이래저래 제정신이 아니었습니다. 바쁠수록 돌아가라는 말이 있듯이, 이럴 때 더욱 차분해야 하는데 말입니다. 어제는 정말 힘들었습니다. 잠도 못 자고 일까지 꼬여서 더욱 어려웠습니다. 하루속히 모든 것을 마무리하고 나와야 할 텐데 말이지요. 전도사님이 함께하시면 반드시 승리하리라 믿습니다. 이는 하나님께서 우리에게 허락하신 약속입니다." (2006. 3. 9)

603. 골방 빨래

요즘 며칠간 조용하다가, 오늘 새벽에 무엇인가 의미 있는 환상이 보였다.

어느 좁은 골방에 홀로 있었다. 방 안에 빨래가 널려 있었다. 대부분이 여자 옷이었다. 하지만 출입문 앞쪽에 내 팬티와 러닝셔츠도 보였다. 무슨 일인지 의아스러웠다.

그때 하늘을 우러러보았다. 나무마다 가지들이 앙상한 모습으로 쭉쭉 뻗어있었다. 그 가운데 한 나무의 가지에 움이 트고 순이 나더니, 금세 연두색 잎으로 덮일 듯했다

그러자 나무도 생동감이 넘쳤다. 어느새 녹색 잎으로 무성하게 채워졌다. 아주 작은 바람에도 잎들이 살랑살랑 흔들거렸다. 하지만 다른 나무들은 여전히 겨울잠에서 깨어나지 못하고 앙상한 그대로 있었다. (2006. 3. 12. 주일)

604. 심신 피곤

"늘 한결같은 모습만 바라보고 싶습니다. 처음 약속을 지키려고, 모든 것을 이해할 것 같으면서도, 내가 무엇을 잘못했는지 생각해봅니다. 작은 것 하나라도 지적해주시면 좋겠습니다.

숱한 은혜와 사랑을 받았음에도, 너무 쉽게 잊어버리는 것이 우리네 인생이잖아요? 내 눈높이에 상대방을 맞추기보다 상대방의 눈높이에 나를 맞추는, 이 지역에 꼭 필요한 축제의 장 광명교회가 되기를 기도합니다.

처음에는 맞지 않는 것처럼 보여도, 늘 기도하면서 좋으신 아버지께 모든 것을 맡겨요. 오늘도 기쁨과 감사가 넘치는 날이 되시기를."

"사실 지금 심신이 좀 피곤합니다. 과연 내가 이 일을 할 수 있을까? 이제라도 그만두는 것이 좋지 않을까? 왜 하필 이맘때 금식을 하는가? 이런저런 생각을 하면서 무거운 발걸음으로 2시에 일어나 예배당으로 갔습니다.

그런데 기도하는 내 앞에 어떤 사람이 나타났습니다. 바로 전도사님이었습니다. 뭔가 안타까운 모습으로 나를 바라보면서, 오른손으로 자신의 가슴을 쓰다듬었습니다. 그리고 즉시 사라졌습니다. 그때 시커먼 옷을 입은 장정들이 사방에서 몰려와 나를 삥 둘러앉았습니다. 순간 섬뜩해서 소리쳤습니다.

'주 예수 그리스도의 이름으로 내가 명한다! 썩 물러가라! 물러가라! 물러가라! …'

그러자 그들의 모습은 더 이상 보이지 않았습니다. 그때 오만가지 생각이 다 떠올랐습니다.

'혹시 무슨 일이 생기는 것은 것일까? 아니야, 아니야, 아니야! 그렇지 않을 거야! 할 수 있어! 해 보자! 하면 된다!'

이렇게 자위하며 8시가 넘어 집으로 돌아왔습니다. 그리고 샤워하고 메일을 열었습니다. 감사합니다. 이제 교회로 나가겠습니다." (2006. 3. 15)

605. 인수 분해

'선한 빛'이라는 여종이 고차원 방정식을 풀기 위해 먼저 인수 분해가 필요하다고 하면서, 상당히 어려운 문제를 내게 제시해 당황스러웠다. 하지만 자세히 보니 내가 풀 만한 쉬운 문제였다.

그래서 머릿속으로 계산한 결과, 그 답은 3과 1, 곧 삼위일체 하나님이었다. (2006. 3. 17)

606. 공생애 시작

오늘은 교회 건물로 이사하는 날이다. 오후에는 이사 감사예배를, 내일은 주일예배와 찬양예배를 드려야 한다. 이 새벽에 3번의 설교를 미리 준비해야 한다.

이제부터 교회에서 먹고 자고 살다가 죽어야 한다. 주의 종으로서, 목회자로서, 청지기로서, 내 후반부 인생을 시작하게 되었다.

하지만 그동안 여러 환상에서 보았듯이, 만만찮은 시험과 어려움이 따를 것이다. 얼마나 참고 견디느냐의 싸움이 되리라 본다.

아무튼 오늘부로 신도시 생활을 마감하고, 광명시 사역을 시작한다. 주님의 긍휼만이 나의 살 길이다. (2006. 3. 18)

예스 4, 희망의 나래

제19편

시련의 축제

607. 첫 번째 주일

축제의 장, 광명교회에서 하루를 보내고 첫 번째 주일을 맞았다. 3월 5일에는 2명이, 3월 12일에는 3명이, 오늘 3월 19일에는 6명이 예배를 드렸다.

(2006. 3. 19. 주일)

608. 고양이 눈

기도하다가 교회당 벽에 구멍이 뚫리는 모습을 보았다. 어떻게 되나 가만히 지켜보았더니, 점점 더 구멍이 커졌다. 급기야 사람의 머리가 들락거릴 정도가 되었다.

"이것도 하나님의 뜻이라면, 내가 어찌 막을 수 있으리오?"

하면서 계속 지켜보았다. 그때 고양이 눈처럼 번쩍이는 눈동자가 구멍 밖에서 얼쩡대다가 내가 있는 안쪽을 들여다보았다.

"아니, 저놈의 고양이 새끼가!"

그리고 내가 똑바로 바라보자, 무엇인가 잔뜩 겁을 먹고 주변을 두리번거리며 옆으로 비켜났다. 동글동글하고 노란 눈알이 영락없는 사탄이었다.

그런데 이게 어찌 된 일인가? 구멍이 점점 커지자 구멍 밖에서 얼쩡대던 실체가 드러났다. 며칠 전 부교역자로 들어온 남전도사였다.

그는 자신의 실체가 드러나자 황급히 사라졌다. 하지만 앞쪽 벽 두 면이 모두 허물어지다시피 했고, 뒤쪽 벽 두 면만 간신히 남았다. 그 또한 곧 쓰러질 듯했다.

"내가 그토록 공들여 꾸민 교회당이 이렇게 맥없이 허물어지다니?"

하면서 안타깝게 바라보고 있었다. 그때 청년들 몇이 찾아와 대책을 강구하다가 결론 없이 떠나갔다. 그리고 이어서 몸이 호리호리한 중년의 신사가 찾아와 말했다.

"아예 교회를 헐고 새로 짓는 편이 낫겠어."

"비용은?"

"이번 비용은 내가 부담하겠다."

그러면서 그가 견적서를 보여주었다. 이제까지 실제로 들어간 비용 7천만 원과 비슷했다. (2006. 3. 21)

609. 생각하는 사람

어느 광야 한복판에 나 홀로 있었다. 한 작은 바위에 벌거벗고 쪼그리고 앉아있는 내 모습이, 마치 그 유명한 조형물, 로댕(프랑스 조각가, 1840-1917)의 '생각하는 사람'처럼 보였다. (2006. 3. 22)

610. 나 홀로 예배

어제저녁 늦게까지 음향기기를 설치했다. 오늘 새벽부터 본당에서 예배를 드렸다. 아무도 찾지 않은 텅 빈 예배당에서 나 홀로 기도하고 찬양하며 예배드렸다.

전도사가 나온다고 했으나, 지난 주간의 강행군으로 일어나지 못한 듯했다. 오늘도 나는 2시경에 일어나 하루를 시작했다. 이사한 후 줄곧 그렇게 했다.

　개천을 따라 쭉 이어진 산길을 오르고 있었다. 분명한 사실은, 내가 누군가에 의해 이끌려가고 있었다는 것이다. 이리저리 방황도 하였으나 그 여행을 즐기는 듯했다. 그 길은 그리 험하지 않았으나 평탄하지도 않았다. (2006. 3. 25)

611. 본당 예배

　오늘 본당에서 정식으로 예배를 드렸다. 하지만 나오기로 약속한 집사님도 나오지 않고, 전도사들의 가족도 나오지 않았다. 그래서 남녀 전도사 2명이 전부였다. (2006. 3. 26. 주일)

612. 경제적 후견인

　거주할 집을 얻어달라는 남전도사의 요청이 있었으나 돈이 없었다. 어머니가 보내주신 1,000만 원과 오피스텔에서 받은 500만 원으로 교회당 보증금 1,500만 원은 충당했으나, 시설공사, 음향기기, 성구, 주방도구, 간판 등의 비용은 신용카드로 했다.

　매월 임대료 100만 원, 전도사 2명의 사례금 200만 원, 공동체 생활비, 관리비, 공과금, 카드할부금, 이자 등을 생각하니 아찔했다. 그때 전도사 2명은 모두 신용불량자였다. 나만 신용카드를 쓸 수 있었다.

　부교역자들이 툭하면 손을 내밀었다. 내가 그들의 경제적 후견인이었다.

어떻게 하든 그들의 요구를 다 들어주려고 하였다. 그리고 여기까지 이끌어주신 주님만 믿고 앞으로 나아가려고 했다. (2006. 3. 27)

613. 오토바이 사고

시내에서 큰 경기가 있다고 하여 모두 기대하고 있었으나, 우천 관계로 길을 나서지 못했다. 그러다가 점심때가 되었다. 그들이 '황부자네 집'으로 갔다. 벌써 많은 사람이 와서 북적거렸다.

그때 어떤 사람이 언덕 위에 있는 초막에서 쉬고 있었다. 그런데 '남쪽의 산'이라는 사람이 그 초막 속으로 들어가더니, 쉬고 있는 그를 끌어내 언덕 아래로 밀쳐버렸다.

다행히 그는 낭떠러지로 완전히 떨어지지 않았다. 하지만 몇 바퀴 구르다가 발에 부상을 입고 피를 흘렸다. 사람들의 이목이 그에게 집중되었다.

그러자 황부자네 집 마당에 있던 '찬란히 빛남'이 소리를 질렀다. 모든 사람의 시선이 그쪽으로 옮겨졌다.

"5회 말인데 아직도 영 대 영이라 언제 끝날지 몰라!"

그러고 보니 시내에서 한일전 야구 경기가 있는 듯했다. 그런데 사람들은 일본에 대한 옛 감정 때문에 무슨 경기든 일본을 이겨야 한다는 강박관념에 사로잡혀 있었다.

그때 나는 자리를 옮겨 '세 연못'이라는 마을에 들렀다가 시내를 향해 운전하고 있었다. 자동차는 오래된 경차였다. 얼마 후 삼거리가 나왔다. 좌회전하여 고개를 넘어가면 시내였고, 우회전하여 내려가면 고향으로 가는 길이었다.

양방향의 차가 보이지 않을 때까지 안전하게 기다렸다가 좌회전을 했다. 그때 차가 힘이 달려 잠시 주춤거렸다. 그러자 언제 달려왔는지 오토바이 하나가 꽁무니를 들이받았다.

오토바이 운전자가 쓰러져 피를 흘렸다. 즉시 119로 신고하여 구급차가 오기를 기다렸다. 하지만 지체되었다. 그사이에 지나가던 사람들이 모여 인산인해를 이루었다. 여전히 119 차량이 온다는 기별은 없었다.

그때 어떤 사람이 먼저 다친 사람을 돌보라고 했다. 구급차가 오기만을 기다리다가 그제야 다친 사람에게 다가갔다. 그런데 다친 사람은 보이지 않고 구경꾼만 있었다.

얼마 후 구급차가 도착하였다. 간호사가 들것을 들고 사람들을 헤치고 다가왔다. 그런데 그 들것에 이미 환자가 누워있었다. 그 환자가 바로 오토바이 사고를 당한 사람이었다. 그가 들것에서 내려 다가오더니 말했다.

"차가 달리는 속도를 몰라 내가 차를 들이받았다. 내 과실이었다. 그런데 나는 지난 5월에도 '세 연못'에 있는 당신을 보았다."

그래서 고개를 끄덕이며 그를 바라보았더니, 그의 얼굴 오른편 절반이 멍들어 있었다. 또 왼쪽 손목이 절단되어 있었다. 그 손은 이번 사고로 다친 것인지, 아니면 오래전에 다친 것인지 분명치 않았다. 자세히 모르긴 해도, 이번 사고로 다친 것은 아닌 듯했다.

"어디 다른 곳은 아픈 데가 없느냐?"

"외상은 없지만, 코가 이상해, 코뼈가 내려앉은 듯해."

그러면서도 그는 자기 실수로 사고를 내서 미안하다는 감정을 드러냈다. 그런데 뭔가 이상했다. 우리가 구급차를 기다리는 동안 그가 감쪽같이 사라졌다가 치료를 받고 나타난 점, 그가 자신의 과실을 인정하면서 대수롭지 않은 일로 여기는 점, 구급차가 시내에서 오지 않고 시골에서 온 점, 그것도 쥐도 새도 모르게 나타난 점 등은 아무리 생각해도 이해되지 않았다. 모든 것이 뒤죽박죽이어서 혼란스러웠다. (2006. 3. 28)

614. 피장파장

새벽기도를 마치고 주보를 작성하다가 잠시 눈을 감았더니 환상이 보였다.

무슨 창고처럼 보이는 곳에 인쇄를 부탁하러 갔다. 주인이 인쇄는 하지 않고 내 목을 끌어안고 조이기 시작했다. 내가 그의 손가락을 깨물고 저항하자, 그가 더욱 세게 목을 졸랐다. 그래서 나도 더 세게 그의 손가락을 깨물었다. 서로 피장파장이었다.

어느 들판에 연한 연두색 풀들이 산들산들하는 모습이 보였다. 정겨운 봄인 줄 알았더니 쓸쓸한 가을이었다. 들풀의 절반이 울긋불긋한 색채를 띠었다. (2006. 3. 30)

615. 우물가 괴물

우물을 좀 더 깊이 파기 위해 그 속에 고인 물을 퍼내고 있었다. 그런데 물을 퍼내자 속에 물고기로 보기에는 어려운 생물들이 득실거렸다.

그들 중에 덩치도 크고 징그럽게 생긴 놈이 2마리 있었다. 우물파기를 포기하고 발길을 돌렸다. 그때 우물 밖에 또 다른 괴물이 길가에 축 늘어져 있었다. 내가 돌아가는 길까지 막으려고 했다.

그 괴물이 너무 징그럽고 무섭다는 생각이 들었다. 물개같이 매끈하고 뚱뚱하게 생겼으나 피부를 보니 사람 같았다. 그런데 모두가 하나같이 기진맥진했다. 죽어있는 건지 살아있는 건지 분간이 되지 않았다. (2006. 3. 31)

616. 몽당연필

지난 3월 18일 교회당 4층 옥탑방으로 이사하여 2주를 보냈다. 오늘 처음으로 숙면을 취했다.

어제 심야기도회를 마치고 1시에 잠자리에 들었다가 4시를 알리는 알람에 잠이 깼다. 새벽예배가 없어 다시 누웠다. 그리고 5시에 일어나 씻고 라면을 끓여 먹었다. 예배당에서 잠시 기도하고 청소한 뒤 마지막 남은 속옷과 양말 등을 정리했다.

지난 2주 동안 거의 날마다 두세 시에 일어났다. 잠자리도 편치 않았다. 가끔씩 보인 환상이나 꿈도 나를 힘들게 했다. 보일러 고장으로 매일 주전자에 물을 데워 머리를 감았다.

감기몸살로 오랫동안 고생했다. 아직도 낫지를 않아 오늘도 병원에 가야 한다. 손등은 트고 손가락은 부풀어 피멍이 들었다. 온몸이 상처투성이로 벌겋고 꺼칠꺼칠했다.

이제 모든 것을 하나님께 온전히 맡겨야겠다. 기도하면서 교회를 설립했지만, 앞으로 어떻게 될지 전혀 예측할 수 없다. 나는 오직 하나님의 도구로서, 하나님의 손에 들린 몽당연필일 뿐이다. (2006. 4. 1)

617. 칭찬과 격려

저녁에 전도사가 메일을 보냈다. 그 자매는 자신이 본 그대로, 느낀 대로 솔직하게 말해준다. 가끔씩 칭찬과 격려도 아끼지 않았다. 슬럼프에 빠질 때면 조용히 다가와 힘을 북돋아준다. 주님이 보내주신 동역자로 여겨진다. 하지만 왠지 늘 불안하고 아쉬운 마음이 있다.

"날이 갈수록 안정된 모습, 너무 감사합니다. 말씀 속에서, 밝아지는 얼굴에서 느낄 수 있답니다. 내용은 물론이고, 말씀의 파워가 너무 좋았습니다. 말씀 연구에만 전념할 수 있도록 해드려야 하는데, 늘 죄송합니다. 영의 양식 흡족히 주심을 감사, 감사하고요. 푹 쉬세요."

"부족한 종을 위해 늘 기도하고 격려해주시니 감사할 따름입니다. 오늘도 승리하세요." (2006. 4. 2. 주일)

618. 비명소리

여기저기 헤매고 다니다가 어렵게 우리 집을 찾았다. 아버지와 어머니가 세간을 정리하고 있었다. 그때 밖에서 "어이쿠!"하는 비명이 들렸다. 고통스럽게 신음하는 아버지가 보였다. 어머니가 문을 박차고 나가 아버지를 등에 업고 방으로 들어왔다.

아버지를 보니 이마와 머리에 심한 피멍이 들어있었다. 119에 전화를 걸어 병원으로 가려고 했다. 어머니도 그렇게 하라고 다그쳤다. 하지만 아버지는 괜찮다고 하며 다시 일어나 일을 시작했다. (2006. 4. 3)

619. 망하는 축복

4월 29일 토요일에 교회창립 기념예배를 드리기로 일정이 정해졌다. 이어서 5월 1일부터 4일까지 부흥성회도 개최하기로 했다. 현수막과 전단지, 전도용품, 기념 수건, 행사 순서, 초청장, 그리고 의자 방석과 화이트보드, 십자가와 돌출 간판 등을 준비하기로 했다.

어찌 보면 그 모든 일이 무리였다. 하지만 주사위는 이미 던져졌고, 나는 루비콘 강을 건넜던바, 배수의 진을 칠 수밖에 없었다. 기도하면서 앞으로 나아갈 뿐이었다.

나는 활동이 부자유한 장애인이요, 가난뱅이다. 흔히 말하는 백도 없고 스펙도 없다. 목회자로서 상당한 핸디캡을 가지고 있었다.

어느 모로 보나 교회를 개척하기에는 무리였다. 사실 나는 어리석기 그지없는 일을 하고 있었다. 주님이 빚을 다 갚아주시자 몸이 근질근질했던 것 같다.

교회당 인테리어 비용으로 벌써 3,000만 원 이상이 들어갔다. 그리고 매월 700만 원 정도의 돈이 들어간다. 땡전 한 푼 없는 빈털터리가 신용카드만 믿고 이런 무리수를 두었다.

내가 무슨 떼부자라고 교역자들 살림살이까지 책임져야 하는가? 정말 나도 모를 일이었다. 여전도사가 자녀 학자금을 빌려달라고 하여 주었다. 그러자 남전도사는 거주할 집을 얻어달라고 하였다.

내 주변 사람들이 모두 나를 돈쟁이로 알고 있었다. 아니면 또라이로 여겼다. 비렁뱅이 주제에 퍼주기만 좋아하다가 보니 그렇게 되지 않았나 싶다. 속은 골병들고 있었으나 겉으로는 갑부 천사로 비쳤다. 사실 나는 거절하지 못하는 치명적 장애를 가지고 있었다.

이런 여건 속에서 교회 개척에 성공한다면, 그건 하나님의 기적이 아니라 실수일 것이다. 그래서 나는 몽롱한 상태에서 그 사실을 예감하고, 은연중 실패의 모험을 시도하고 있었다.

이는 하나님만 아시고 나도 모르는, 반사회 비종교 복합성 심신 장애였다. 그래서 결국은, 하나님께서 내게 빨리 망하는 축복을 허락하셨다. (2006. 4. 4)

620. 감사 메일

"목사님, 신랑이 모래부터 출근하신대요, 그간 많이 기도해주신 것 감사합니다. 건강 주신 주님께 감사와 영광을! 교회를 위해 더욱 헌신하겠습니다. 목사님, 힘내세요! 승리는 목사님과 강도사님과 내 것이고요. 교회의 것입니다."

"참으로 반갑고, 정말 잘 되었습니다. 함께 기쁨을 나눕니다. 사정이 어떠하든, 가장이 집안에만 있으면 본인은 물론이고 식구들도 힘들지요. 하나님께 감사와 영광을 돌립니다." (2006. 4. 5)

621. 감사기도

지난밤 몸살감기에 체력이 떨어져 쓰러지다시피 자리에 들었다. 새벽예배를 인도하려고 일어나 보니 입술이 터져 윗입술과 아랫입술에 피가 묻어 있었다. 예배를 인도하고 잠시 기도한 뒤 4층으로 올라와 쉬었다. 그리고 병원에 가서 약을 지어 먹었다.

"모든 일을 합력시켜 선을 이루시는 하나님께 감사드립니다. 제 후반부 인생을 이렇듯 바꿔주신 하나님께 감사드립니다. 제 장래까지 아시고 주관하시는 하나님께 감사드립니다. 신비로운 손길로 저를 보듬어주시는 하나님께 감사드립니다." (2006. 4. 6)

622. 손수레 짐

새벽예배를 드리고 숙소로 돌아와 주일예배 설교를 훑어보았다. 너무 피곤하여 의자에 기대어 눈을 감았다. 작은 손수레에 짐을 싣고 어디론가 떠나는 내 모습이 보였다.

그때 누군가에 의해 좀 더 큰 손수레가 내 옆으로 다가왔다. 내 손수레 손잡이에 그 손수레의 손잡이가 걸리더니, 내가 공중으로 들려 오르락내리락하기를 서너 차례 했다. 하지만 큰 위험은 느끼지 않았다.

그러다가 갑자기 내 목이 조이는 느낌을 받고 잠에서 깨어났다. 내가 넥타이를 매고 의자에 누워 졸았던바, 실제로 내 목이 조이고 있었다.

오늘 두 여인이 스스로 교회에 찾아왔다. 한 여인은 60세 전후의 집사님이었다. 씨받이로 아이를 셋이나 낳아주고 그 집에서 쫓겨나, 지금은 조카딸 집에서 살림을 도와주며 산다고 했다. 그리고 교회를 정하지 못해 여기저기 다닌다고 했다.

또 한 여인은 김해에 살고 있었다. 남편의 폭력을 못 이겨 기도원에 가려고 방금 올라왔다고 했다. 내일 기도원으로 데려다주겠다고 약속했다.

"할렐루야! 하나님께 영광을! 목사님, 힘내세요. 꿈과 비전이 있는 교회,

주님의 뜻이고요. 목사님을 크게 사용하시는 것이 현실로 보입니다.

목사님, 더 강도 높은 기도를 주님께! 오늘 많은 은혜 받았고요. 날이 갈수록 강한 메시지 감사합니다. 목사님 실망하지 말라고 주님께서 표적을 보여주시잖아요? 기도는 땅에 떨어지지 않고요. 기도하는 백성은 결코 망하지 않습니다.

목사님, 짜증이 나려고 할 때 즐거운 일을 생각하며 감사로 여길 때 기쁨이 찾아옵니다. 승리, 성공, 주님께 영광을! 너무 감사해서 벅차오르는 가슴 주체할 길이 없었고요. 더 감사하며, 더 겸손하며, 수고 많이많이 하셨고요. 감사합니다."

"전도사님, 이 기쁨은 전적으로 주님의 은혜입니다. 교회와 함께하는 우리에게 오늘도 주님이 함께하십니다. 하나님께서 우리에게 건강과 지혜를 주시고 감사와 기쁨을 주심은, 교회를 통해 영광을 받으시기 위함입니다."

(2006. 4. 9. 주일)

623. 고난의 징조

김해에서 올라온 자매를 기도원에 데려다주고, 각자 기도실에 들어가 기도했다. 기도원으로 올라가게 하신 하나님의 뜻이 계신 듯했다.

그러니까 작년 4월부터 매월 한 번씩 기도원에 올라갔다. 그때마다 주님의 은혜를 보았다. 그래서 오늘도 사뭇 기대되었다.

지난해 4월 5일, 그러니까 불과 1년 전에 그 기도원에서 주님의 이끄심을 받았다. 이제 목회자로서 다시 그 기도원에서 기도했다. 감회가 새로웠다.

20년 전부터 여러 교단에서 일곱 과정의 신학을 공부하고, 지난해까지 눈코 뜰 새 없이 달려왔지만, 세상에서 가장 부족한 목회자로 여겨졌다. 기회를 봐서 좀 더 집중적으로 신학을 연구했으면 하는 생각이 들었다.

그리고 교회로 돌아왔다. 그때 무엇엔가 화가 잔뜩 난 듯이 요동친 돌이 생각났다. 처음에는 나이 많은 여종을 덮치려고 하다가 멈추었고, 나중에는 난간으로 떨어질 듯이 하다가 다시 자리를 잡고 일어섰다.

그때 그 돌의 모습이 예수님의 형상이었다. 양손에 폭탄을 하나씩 쥐고 목걸이 양쪽 끈에도 하나씩 달고 있었다. 그렇게 4개의 폭탄을 몸에 지니고 계셨다.

그 검은 폭탄이 무엇을 의미할까? 교회를 위해 좋은 징조일까, 나쁜 징조일까? 자세히 알 수는 없으나, 어렵고 힘든 과정이 아닐까 싶다.

불과 얼마 전의 일이다. 책상 위에 있는 안경을 잡았더니 특별한 일도 없이 강철로 된 안경테가 부러졌다. 안경점에 가서 때웠다. 그런데 며칠 지나 또 부러졌다. 그래서 이번에는 아예 안경테를 바꿨다.

그런데 오늘은 갑자기 안경알이 깨어졌다. 유리처럼 깨어진 것이 아니라 칼로 자른 듯이 두 동강이 났다. 안경점에 들렀더니 고칠 수 없다고 하여 양쪽 다 바꿨다. 그래서 결국은 안경을 통째로 바꾼 결과가 되었다. (2006. 4. 10)

624. 하늘 정원

기도하면서 개나리와 진달래가 만발한 것을 보았다. 하늘 정원 같은 곳에 만개한 도라지꽃도 있었다. 탄일종처럼 생긴 하얀 꽃과 파란 꽃, 연보라 꽃이 실바람을 타고 한들한들거렸다.

아주 어린 시절이었다. 마을 앞 강변에 형형색색의 도라지꽃이 피어있었다. 그때 느꼈던 기분에 젖어 한동안 눈길을 뗄 수가 없었다. 모든 피로가 일시에 사라지는 듯했다. 잠시나마 어린 시절의 향수에 심취하여 기분이 좋았다.

"목사님! 오늘은 무지 피곤해 보이던데요. 그럴 때마다 걱정근심에 내 마음 무너질 듯합니다. 걱정 마세요. 내가 다 할게요. 가급적 사생활 얘기는 안하려고 했는데, 그것이 부담되셨나 보네요.

걱정 마세요. 내가 알아서 깨끗이 처리할게요. 목사님께, 아니 사역에 피해 없도록 할게요. 잠시 흔들렸던 것들이 정리되니 얼마나 마음이 편하고 시원한지 몰라요.

이제는 주님을 향한 내 마음을 온전히 드릴 수 있다는 생각이 들어요. 그게 기쁨이요, 감사요, 영광입니다. 전화로 이 말씀을 드리고 싶었어요. 수고하셨고요. 안녕히 주무세요." (2006. 4. 11)

625. 용기 뚜껑

질그릇 같은 용기에 뚜껑이 덮혀 있었다. 용기가 많이 상해 온전히 닫히지를 않았다. 그 틈으로 손가락이 들락날락할 정도였다. 보기에 참 안타까웠다.

그런데 영안으로 보니, 신비한 손길에 의해 동그란 새 뚜껑이 그 용기에 맞춰 늘어났다가, 오르라들었다 하면서 빈틈없이 맞춰지고 있었다. (2006. 4. 12)

626. 8월의 함

26년 전 나와 함께 일한 아가씨가 보였다. 나는 일반 직원이고, 그 자매는 계약 직원이었다. 항상 깔깔 웃으며 밝고 명랑하게 일했다. 그녀가 다가와 다시 일하게 되었다고 하면서 기뻐했다.

그 자매의 이름은 '이금주'였다. 그래서 이(利)를 금(禁)하고 주(主)를 따르라는 뜻인지, 이 씨와 김 씨, 주 씨가 나와 함께한다는 뜻인지, 무슨 의미가 있는 것 같았으나 분명치 않았다.

새벽기도 중에 내가 내 몸에서 나왔는지, 어떤 사람이 내 옆에 있다가 불쑥 튀어나왔는지 모르지만, 느닷없이 누가 나타나 강단 앞에 놓인 '8월의 함(函)'에 두루마리 하나를 넣는 모습이 보였다. 그때 나도 모르게 탄성을 질렀다.

"아, 벌써 8월이 되었구나!"

그 순간 지금이 4월임을 깨닫고 말했다.

"이제 4개월이 남았구나!"

그러고 보니 8월에 무슨 일이 있을지 매우 궁금했다. (2006. 4. 13)

627. 따뜻한 봄 길

오늘 아침 강도사와 전도사, 반주자의 사례금을 지급했다. 저녁에는 '따뜻한 봄 길' 씨에게 예수 그리스도를 영접시켰다. 그가 다급한 심정으로 영접기도를 드렸다.

그때 금세 그의 얼굴색이 변하더니 눈물을 주르륵 흘렸다. 강도사와 전도사가 옆에서 박수를 치며 환영했다. 그러자 그는 몸 둘 바를 몰라 허둥거렸다.

그는 아는 것이 많았다. 아내와 사별하고 고시원에서 사법시험을 준비했으나, 그게 여의치 않자 폐인처럼 지냈다. 식사도 하지 않고 술과 담배를 벗 삼아 세월을 보내고 있었다. 얼굴색이 새까맣고 입술이 부풀어 그대로 두면 얼마 못 가서 죽을 것 같았다. (2006. 4. 14)

628. 길거리 전도

삶은 계란 150개를 예쁘게 포장하여 길거리 전도를 나섰다. (2006. 4. 15)

629. 성찬식 거행

오늘은 부활절이다. 교회 설립 후 처음으로 성찬식을 거행했다. 홍 집사님이 우리 교회에 등록했다. 이제 교인이 7명 되었다. (2006. 4. 16)

630. 지옥의 못

교회를 설립한 지 한 달이 되었다. 건물 주인이 와서 월세를 받아갔다. 그리고 전도용 티슈 2,000개를 수령했다. 인쇄비 등의 잔금으로 42만 원을 송금했다. 창립예배와 부흥성회의 준비가 어느 정도 된 듯했다.

저녁에 달리다굼선교회 목사님의 전화가 왔다. 교회창립 안내장을 잘 받았다는 인사였다. 그리고 내일 이사회 때 설교를 해달라고 했다. 처음으로 외부에서 설교를 하게 되었다. 시간이 늦었으나 '장애인 선교와 하나님의 나라'라는 제목으로 말씀을 준비하였다.

그리고 자리에 누웠더니 환상이 보였다. 어느 밭둑을 걸어갔다. 우측에 작약(芍藥)이 피어있었다. 저마다 다소곳이 고개를 숙이고 있었다. 잠시 어린 시절의 향수에 젖었다.

오래전 우리 집 뒷밭에 작약이 있었다. 어머니가 산에서 캐어다 심어놓은 것으로 빨간 꽃을 피웠다. 다른 꽃들보다 유달리 선명하고 아름다웠다.

좌측에 키가 큰 옥수수도 있었다. 그리고 얼마쯤 앞에 시커먼 웅덩이가 있었다. 우거진 수풀로 잘 보이지 않았지만, 바닥이 없는 '지옥의 못'처럼 느껴졌다.

그때 나는 너무 무섭다는 생각이 들었다. 옆으로 돌아가려고 했지만, 가는 도중에 땅이 꺼질 듯했다. 그래서 멈칫멈칫했더니, 어느새 교회 강단에 서 있었다. (2006. 4. 17)

631. 아들의 병치레

새벽예배를 드리고 의자에 앉아 잠시 눈을 감았더니 아들이 보였다. 그 엄마가 아들에게 뭐라고 했지만, 나는 귀를 기울이지 않아 듣지 못했다.

아들을 불렀더니 앞에 와서 다소곳이 앉았다. 아들은 그동안 많이 커서 어른처럼 보였다. 그런데 무슨 병치레를 한 듯, 덩치에 비해 체력이 약했다.

안타까운 마음으로 아들을 살펴보았더니 뒷머리의 머리털이 많이 빠졌다. 앞머리를 길러 뒤로 넘겨 벗어진 뒷머리를 감추었다. 더욱이 오른쪽 뒷머리는 거의 다 빠졌고, 왼쪽 뒷머리도 군데군데 빠졌다.

엉덩이 위쪽의 등도 둥그렇게 벗겨진 자국이 보였다. 그 모습을 보는 순간 너무 안타까워 기도하기 시작했다. 그때 나는 현실로 돌아와 실제로 기도하고 있었다.

"하나님 아버지, 제 아들딸을 돌봐주소서. 눈동자 같이 지켜주소서. 제 손이 미치지 못하니 주께서 살펴주소서. 주님이 친히 양육하여 주소서. 주 안에서 자라나 주께서 기뻐하시는 자녀 되게 하소서." (2006. 4. 18)

632. 교역자 몽니

새벽기도를 드리다가 잠시 의자에 기대 눈을 감았더니, 여전도사가 내 왼팔을 베고 누워있는 모습이 보여 순간적으로 소리쳤다.

"주 예수 그리스도 이름으로 명한다. 사탄아, 물러가라!"

하면서 팔을 뿌리쳤더니 더 이상 보이지 않았다. 그리고 내가 차를 몰고 가던 중 여전도사가 올라탔다. 가만히 지켜보았더니 주머니에서 빵 하나를 꺼내 먹기 시작했다. 종이에 돌돌 말아 싼 작고 마른 빵이었다. 너무 애처로웠다.

저녁 6시에 노방전도를 나갔다. 티슈에 부흥성회 전단지를 넣어 사역자 3명이 각각 100장씩 가지고 지하철역으로 갔다. 30분 만에 다 배포했다. 교회 설립 후 처음으로 실시한 전도였다. 그리고 돌아와 저녁 식사를 하면서 말했다.

"멀리 떨어진 지하철역보다 가까운 교회 앞에서 집중적으로 전도하는 것이 어떨까 싶습니다. 교회를 직접 보여주고 소개할 수도 있습니다."

그러자 강도사가 또 반발하고 나섰다. 무슨 꿍꿍이속으로 그러는지 정말 힘들었다. 오피스텔을 얻어달라고 하였을 때, 어쩔 도리가 없어 양해를 구했더니 앙심을 품은 듯했다.

"내가 이 나이에 굶어 죽는 한이 있어도 여기 오겠습니까? 하나님의 일이라 왔습니다."

하면서 노골적으로 불만을 표시했다. 그는 나보다 10살 많았다. 사사건건 힘들게 했다. 그는 여전도사 동기생으로, 그가 있어야 전도할 수 있다고 해서 받아들인 사람이었다.

얼마 전 전도사를 가까스로 달래 화해시켰더니, 이번에는 강도사가 몽니를 부렸다. 그것도 하나님의 뜻이라 생각하고 꾹 참았다. 하지만 실상은, 내가 그들에게 맞설 힘이 없었다. (2006. 4. 20)

633. 작은 새

이제는 '아니다!', '못 한다!', '안 된다!' 라는 등의 부정적 말은 그만하자고, 새벽예배를 마치고 나서 부교역자들에게 간곡히 부탁했다.

아침 식사를 마치고 4층으로 올라가면서 보니, 작은 새 한 마리가 복도에 들어와 밖으로 나가지 못하고 있었다. 밝은 빛을 보고 창문을 향해 날아갔으나, 유리에 머리를 박고 바닥으로 떨어졌다.

그렇게 날아가 부딪혀 떨어지고, 또 날아가 부딪혀 떨어지기를 반복했다. 붙잡아서 키워볼까 하다가 어쩌면 생목숨을 죽일 수도 있다는 생각에 옥상으로 나가는 문을 활짝 열어주었다.

하지만 그 새는 열어놓은 창문에 머리를 처박고 다시 바닥으로 나가떨어졌다. 그리고 한참 그대로 있었다. 죽었거나 부상을 입은 것으로 보였다. 그런데 잠시 후 기력을 회복하여 창밖으로 날아갔다.

어쩌면 나도 저 작은 새와 같이, 이 건물에 갇힌 신세가 아닌지 모른다는 생각이 들었다. 그 새처럼 저 넓고 광활한 하늘을 훨훨 날아가고 싶었다.

10시에 최신형 복합기가 들어왔다. 복사와 팩스, 스캔 등 다양한 기능을 갖춘 첨단 기기였다. 풀 옵션은 1,000만 원이 넘는다고 하였으나, 우리는 매월 125,000원씩 5년간 납부하는 조건으로 임대했다.

이어서 에어컨도 설치하고 옷장도 들여놓았다. 그때 창립예배 때 봉사할 찬양대원이 도착했다. 그들이 연습을 마치자 저녁을 대접했다.

부교역자들은 여전히 차갑고 냉정했다. 식사 준비로 분주하여 도와줄 일이 없는가 싶어 물어보았더니, 도끼눈을 뜨고 째려보았다. 그리고 창립예배를 위한 준비사항을 체크하려고 하였더니, 내가 맡은 일이나 잘하면 된다고 핀잔을 주었다.

강도사도 옆에 있다가 전도사의 편을 들고 나섰다. 요즘 왜들 이러느냐고 물었더니, 처음에는 개척이 급해 순종했으나, 이제는 자기 권리를 찾으려고 한다면서 노골적으로 대들었다. 정말 무서운 사람들이었다. 무엇인가 분명히 꿍꿍이속이 있었다.

밤 11시에 시작한 심야기도회가 끝났다. 모두 집으로 돌아가고 나만 홀로 남았다. 너무 무서웠다. 뭔가 이용당하고 있다는 느낌이 들었다. 두 사람의 말만 믿고 섣불리 개척에 뛰어든 내가 백번 잘못이었다.

교회 개척에 단돈 10원도 보태지 않은 사람들이, 한 달 넘게 밥을 사 먹고 다녀도 한 끼 산 적이 없는 사람들이, 그 어려운 와중에 돈까지 빌리고 갚지도 않는 사람들이, 이제 와서 교회를 통째로 내놓으라고 대들었다.

둘 다 신용불량자라는 어려운 처지를 감안하여, 선불로 사례금을 지급하는 등 그야말로 최선을 다해 도와주었더니, 인제 와서 은혜를 원수로 갚겠다는 말인가?

생각할수록 억울하고 분통이 터졌다. 카드빚으로 여기까지 교회당을 꾸며놓았더니, 아직 창립예배도 드리기 전에, 정말 기가 막힐 노릇이었다. 교역자가 아니라 교회당을 노리는 이리처럼 느껴졌다.

자기네 생명이 다하는 날까지 교회를 위해 헌신하겠다고 다짐했던 그들이 아닌가? 1년 안에 성도 200명의 교회로 성장시킬 자신이 있다고 큰소리치면서 교회만 설립하라고 사정했던 그들이 아닌가? 이렇게 나올 줄은 정말 몰랐다.

그래서 그들은 나를 귀신이 들렸다고 매도했다. 불과 얼마 전에는 주님이 나를 너무너무 사랑한다고 하더니, 그 모든 것이 전략이었단 말인가? 그들의 말만 듣고 무리수를 던진 것이 정말 후회스러웠다. 하지만 너무 늦었다. 다른 방도가 없었다. 텅 빈 예배당에서 다시 기도하기 시작했다.

"오, 주여! 종과 저들 사이를 판단하여 주소서. 주님이 선히 여기시거든 저들의 마음을 돌이켜 주소서. 저들이 너무 무섭습니다. 부족한 종을 도와주소서."

밤늦게 전도사로부터 무슨 메시지가 왔으나 볼 기분이 아니어서 무시해 버렸다. 그러자 허겁지겁 달려와 다짜고짜 악한 세력이 침투하였다고 매도했다. 성령이 가르쳐주었다고 주장했다.

사실대로 고백하면 그냥 눈감아주고 그렇지 않으면 사역을 못 하게 한다고 협박했다. 정말 어처구니없고 기가 막힐 노릇이었다. 겁이 덜컥 났다.

시간도 늦어 더욱 무서웠다.

내일 조용히 얘기하자고 했으나 막무가내였다. 이런저런 억지를 부리다가 새벽 2시경에 돌아갔다. 돌이켜보니 그 모든 것이 내 불찰로 여겨졌다. (2006. 4. 21)

634. 하나님의 백

오늘 예상과 달리 전도사가 밝은 모습으로 출근했다. 교회 청소가 끝나자 저녁에 시간이 있느냐고 물었다. 괜찮다고 하였다.

그러자 동창회에 참석하여 교회창립 초청장을 주어야 한다고 하면서, 차를 가지고 안산으로 나와 달라고 했다. 그렇게 하지 않아도 된다고 했더니, 그동안 뿌린 부조금을 받아야 한다고 했다. 교회를 위한 것처럼 말했으나 거짓임이 뻔히 보였다.

밤 9시경 안산 상록수역에 차를 가지고 갔더니, 전도사가 기다리고 있다가 타면서 반말 투로 협박하듯이 말했다.

"당신은 평범한 사람이 아니다. 인터넷에 올려 아예 생매장시킬 수도 있다. 교회에 나오는 사람들이 악령을 가지고 올 수 있다. 내가 시키는 대로만 해라. 그래야 목회에 성공할 수 있다."

대충 간추려서 이런 내용이었다. 정말 무서운 여자였다. 그때 어떤 사람의 말이 생각나 그대로 했다.

"아무리 그래도 나를 이길 수는 없을 것이오. 나는 하나님의 백을 가진 사람이오!"

그러자 전도사가 더욱 발끈했다. 나로서는 정말 어쩔 도리가 없었다. 그 모든 것이 내가 부족한 탓이요, 내 부덕의 소치로 여겨졌다. (2006. 4. 22)

635. 밥상 공동체

오늘은 9명이 예배를 드렸다. 2명, 3명, 5명, 7명에 이어 9명이 되었다. 이번 주 토요일에 창립예배를 드린다. 다음 주에는 10명이 넘을 것으로 기대한다.

우리는 초대교회 정신을 이어받아 식생활 공동체로 시작하였다. 삼수갑산을 가는 한이 있어도 예배 후 사랑의 오찬은 풍성하게 했다.

무턱대고 먹고 마시는 것이 아니라 주 안에서 함께 기뻐하고 즐거워하는 것이다. 우리 교회는 축제의 장으로 시작했다. 오갈 데 없는 부랑자는 물론, 교인들의 식생활까지 교회가 감당하기를 기뻐한다.

사정상 그 모든 비용을 충당하기 쉽지 않지만, 우리 교회는 밥상 공동체를 지향한다. 주 안에서 먹고 마시며 즐기는 것이 하나님의 뜻이요, 우리의 사명이라고 생각한다. (2006. 4. 23. 주일)

636. 3차 노방전도

오늘 아침, 3차 노방전도를 실시했다. 실적은 없지만 사명감으로 생각하여 계속하고 있다. (2006. 4. 24)

637. 중심 발전기

새벽기도 중에 사람의 가슴처럼 보이는, 어쩌면 나 자신의 가슴인지 모르는 '중심 발전기'를, 어떤 사람이 수리하면서 기름기를 닦아내고 있었다. 그러자 기름때로 찌들었던 시꺼먼 '중심 발전기'가 희고 깨끗한 속살을 드러냈다.

그리고 둥근 용기에서 내가 좋아하는 감자볶음이 만들어지는 모습이 보였다. 풋고추가 조금 섞인 것이 너무 맛있게 보였다.

"그렇습니다! 우리 교회는 날마다 신령한 말씀과 찬양, 기도의 향연이 있습니다. 누구나 와서 은혜받고 풍성히 누릴 수 있습니다. 날마다 기쁨을 나누는 영적 잔칫집입니다.

우리는 주님의 교회를 통해 하나님을 영화롭게 하는 도구입니다. 무 유골 무 유품 무 유산을 약속한 사람들입니다. 주님의 교회를 위해 우리의 인생을 통째로 바쳤습니다.

우리네 재산은 물론, 우리에게 주어진 작은 재능까지 모두 바쳤습니다. 우리는 주님의 교회를 위해 헌신하다가, 주님이 부르시면 한걸음에 달려갈 준비를 하고 있습니다.

우리의 육신은 티끌로 돌아가 세상에 남지 않을 것입니다. 우리의 무덤도 필요치 않습니다. 우리 후손에게 부담만 줄 뿐입니다. 화장해서 납골당을 만들어도 우리의 금수강산을 오염시킬 것입니다.

우리 자녀도 스스로 삶을 개척하며 살아야 합니다. 부모의 유산을 바라지 말아야 합니다. 부모의 재산은 헐벗고 굶주린 이웃의 몫입니다. 그래야 하나님께서 영광을 받습니다. 부자로 죽기 위해 가난하게 사는 사람은 정말 어리석습니다.

부유하든 가난하든 누구나 청빈하게 살아야 합니다. 오욕칠정(五慾七情)에 사로잡혀 지옥일정(地獄一定)을 만들지 말아야 합니다. 육신의 소욕은 악령의 유혹입니다.

마음을 비우고 생각을 버려야 합니다. 고도화된 사탄의 계략에 말려들 수 있습니다. 우리와 함께 먹고 마시며 동행하기를 원하시는 주님을 영접하고, 그분의 이끄심을 받아야 합니다.

우리 교회는 오직 여러분을 위해 세워졌고, 우리는 단지 여러분을 위한 도구로 서 있습니다." (2006. 4. 25)

638. 농아인 자매

이 자매 저 자매와 만나 식사하고 여행을 했으나, 모두 나를 떠나가 버렸다. 어느 날 한 농아인 자매를 만나 인사했다. 자매의 외모는 균형이 잡혀 있었고, 얼굴은 무척 예뻤다. 정말 보기 드문 미인이었다. 그때 이런 생각이 들었다.

"목회자에게 듣지 못하고 말하지 못하는 자매가 가당하겠는가?"

하지만 일단 자매를 만나봐야겠다는 생각이 들었다. 그때 또 이런 생각이 들었다.

"목회를 하지 않는다면 정말 좋은 자매이나, 목회자의 아내로서 어찌 그 사명을 감당하겠는가? 교인들에게 수화를 가르친다고 한들 그게 가능하겠는가? 이제 와서 내가 어찌 나를 위해 교회를 생각지 않겠는가? 그래, 아무리 생각해도 힘들겠어. 정말 애석한 일이야."

그리고 나오면서 보니, 그리 멀지 않은 곳에 몇몇 자매들이 모여 있었다.

그들 중에 그 농아인 자매도 있었다. 그런데 나도 모르게 그 자매에게 다가가고 있었다. 그때 자매가 나를 빤히 쳐다보았다. 그 모습이 어찌나 아름답던지, 자매가 천사처럼 느껴졌다.

혹시 구화(口話)를 하는가 싶어 제스처 없이 말로 하였더니, 건청인처럼 빠짐없이 알아듣고 또박또박 대답했다. 대답도 슬기롭고 발음도 정확했다. 수화(手話)나 지화(指話)가 필요 없었다. 그때 나는 속으로 말했다.

'듣지 못하는 자매가 빠짐없이 알아듣고, 말하지 못하는 자매가 슬기롭게 대답하는구나!'

그 후 나는 그 농아인 자매와 무슨 공연을 관람하고 있었다. 자매의 무릎을 베고 느긋하게 누웠을 때 자매가 이런 말을 했다.

"지금 이러고 있을 때가 아닙니다. 서둘러 일을 해야 합니다."

그래서 나는 그 자매와 교회로 돌아왔다. 그때 다시 이런 생각이 들었다.

"이제는 정말 결심해야겠구나. 그런데 이 자매를 동반자로 맞이해도 정말 괜찮을까? 목회에 어려움이 없을까?"

그러나 더 이상 미루기 어려웠다. 최종 결심을 하고 하나님께 감사기도를 드렸다. 그때 나는 현실 세계로 돌아와 실제로 기도하고 있었다.

"하나님 아버지, 감사합니다. 듣지 못하나 빠짐없이 알아듣고, 말하지 못하나 슬기롭게 대답하니, 이 자매가 바로 목회자의 아내가 아닌지요?

하나님 아버지, 정말 감사합니다. 주님께서 저를 위해 예비하신 동반자, 목회자의 아내가 틀림없습니다. 할렐루야! 아멘."

4시에 울리는 알람 소리를 듣고 일어나 화장실로 간다. 그리고 머리를 감고 풀칠한 뒤 가지런히 빗어 넘긴다. 양복을 입고, 넥타이를 매고, 책상에 앉아 매일 정해진 성경을 읽고, 새벽예배에 설교할 내용을 다시 한 번쪽 훑어본다.

그리고 3층 본당으로 내려가 불을 켜고 찬양 멜로디를 틀어놓는다. 오른쪽 바지 주머니에서 5시에 진동하는 휴대폰을 끄고 강단으로 올라간다. 강단 조명을 켜고 강대상 의자에 앉아 잠시 기도한다.

이어서 강대상 앞으로 다가선다. 기도하고, 찬송하고, 설교하고, 다시 기도한다. 그러면 30분이 지나간다. 조명을 끄고 개인 기도를 한다. 6시 30분에 기도를 마치고 주방으로 간다.

새벽예배와 기도를 마치고 아침을 먹는다. 옥상으로 올라가 간단한 운동을 하고 하늘을 향해 소리친다. 특별한 일이 없으면 매일 이렇게 일과를 시작한다.

그리고 메일을 살펴보고 글을 쓴다. 피곤하면 의자에 기대어 눈을 감는다. 이때가 보통 8시 전후다. 그리고 9시에 일어나 3층 사무실로 내려간다.

아들 또래의 아이들이 아들 별명을 부르며 놀리고 있었다. 그래서 아들을 불러 물어보았다.

"네 별명이 무엇인데 아이들이 놀리느냐?"

그러자 아들이 웃으며 말했다.

"'그날리'입니다."

'그날리'인지 '그 난리'인지 분명치 않았고, 그 의미도 알 수 없었다.

오후에 인근 상가를 돌면서 지역 전도를 했다. 국민일보 지국과 중앙일보 지국에 4,000부씩 전단지를 나눠주었다. 그리고 부흥성회 동안 강사와 찬양단원 일행이 묵을 여관방 3개를 예약하고, 인근 주민에 나눠줄 떡도 주문했다. (2006. 4. 26)

639. 먹는 금식

무엇인가 늘 부담을 느끼고 있었다. 편히 잘 수 없었다. 그때 약간의 위로가 있어 보니, 금식함으로 인한 속편함이었다. 그런데 금식은 금식이었으나 먹는 금식이었다. 그렇다면 아침만 금식하라는 뜻인가?

"그래, 오늘부터 창립예배를 드릴 때까지 3일간 금식해야겠다."

10시에 사역자들이 모였다. 전도사는 몸이 아프다며 집으로 돌아갔고, 강도사는 아는 사람이 찾아왔다고 하면서 외출을 했다. 얼마 후 나도 친구가 찾아와 점심을 먹으러 나갔다.

창립예배와 부흥성회를 앞두고 왜 갑자기 바빠지는 걸까? 일도 손에 잡히지 않고 다들 마음이 들떠 있는 듯했다. 큰일을 앞두고 걱정이 되었다. 하지만 어쨌든 행사는 치러야 했다. (2006. 4. 27)

640. 뒤틀린 축제

기도하다가 한국의 전통 음식을 가득히 차려놓은 교자상을 보았다. "이것이 아니야!" 하면서 고개를 흔들었다.

그러자 푸른 채소로 가득 채워진 상이 보였다. "이것도 아니야!" 하고 다시 고개를 가로저었다.

그때 갈색 나무껍질이 가득한 상이 보였다. "이것은 정말 아니야!" 하며 또 고개를 휘저었다.

이번에는 너덧 가지의 반찬과 공깃밥 3개를 담은 찌그러진 쟁반이 보였다. "이것도 정말 아니야!" 하면서 고개를 돌렸더니, 더 이상 아무것도 보이지 않았다.

그리고 다시 보니, 벽에 걸어놓은 창립예배 현수막이 가로가 아니라 세로로 걸려 있었다. 눈을 비비고 다시 보았으나 분명히 잘못 걸려 있었다. 게다가 위로 올라간 현수막 끝은 보이지 않았다.

10시에 사역자 회의가 있었다. 그동안 빠짐없이 잘 나오던 집사님이 예배에 참석하지 않았던바, 무슨 일이 있는지 심방을 해보라고 서너 차례 얘기한 적이 있었다.

그래서 어떻게 되었느냐고 물어보았더니, 아직 심방하지 않았다고 했다. 내가 무슨 말을 하면 또 꼬투리를 달고 반항할 속셈으로 보였다. 행사를 앞두고 있어 더 이상 물어보지 않았다.

그들은 이번 행사를 볼모로 무엇인가 얻어내려고 했다. 마치 무슨 큰 은혜라도 베푸는 양 으스대며 거들먹거렸다. 그것도 서로 짜고 있었다.

그때 그들이 어수룩한 장사꾼으로 보였다. 장사치기 잔꾀로 나를 몰아붙였다. 나를 돈 많은 등신으로 보고, 어떻게 하든지 나를 이용하여 이득을 취하려고 했다.

창립예배가 코앞으로 다가왔으나 사역자들의 장삿속은 여전했다. 교회를 섬기는 게 아니라 훼방꾼으로 성큼성큼 다가왔다. 뭔가 크게 잘못 엮인 것 같았다. 참다못해 한마디 했다.

"사역자가 저까지 5명이나 되지만, 2명밖에 없는 성도를 제대로 돌보지 못하는 것으로 보입니다. 이번 행사에 그들의 역할이 필요합니다. 어찌 모른 체하고 아무 말씀도 하지 않습니까? 이래서야 어찌 공동체를 세워나갈 수 있습니까?"

그러자 그들 가운데 대표자 격인 강도사가 노골적으로 반항하며 대들었다.

"우리가 기도해보면 모든 것이 통일되는데 목사님만 틀리니 참 답답하네요. 그리고 우리처럼 이렇게 헌신하는 사람이 어디 있습니까? 그 집사님에게 이런저런 일을 시키면 안 됩니다. 박 선생도 새신자이기 때문에 스스로 나오도록 해야지 자꾸 귀찮게 하면 오히려 나올 것도 나오지 않습니다. 내가 전도했기 때문에 내가 책임지고 관리하고 있습니다. 무엇을 어찌 더 돌보라는 것입니까?"

그러면서 나를 귀신들린 사람인 양 몰아갔다.

"아시다시피 저는 처음부터 담임목사라는 말도 쓰지 않았습니다. 우리가 모두 하나님의 자녀요, 종이요, 사역자라고 했습니다. 나는 교회 CEO(최고 경영자)가 아닙니다. 공동체 사장은 더욱 아닙니다. 우리 모두 초심으로 돌아가야 합니다. 이제 불과 한 달 남짓 됐습니다."

"우리는 기도하는 가운데 하나님이 시켜서 여기까지 왔고, 하나님이 시키시는 대로 일합니다."

그들은 끝까지 나를 무시하려고 했다. 담임으로 자격이 없으니 돈만 대고 물러나 있으라는 눈치였다. 그러면서 가소롭다는 듯이 피식피식 웃었다. 그때 옆에 있던 전도사가 한마디 거들었다.

"참으로 보면 볼수록 안타깝고 불쌍하네요. 내가 손발이 되어주려고 그토록 노력했지만, 이제 더 이상은…. 오늘 저녁부터 그만두겠습니다."

참으로 어처구니없고 기상천외한 협박이었다.

"전도사님, 원하시면 언제든지 그만두어도 좋습니다. 하지만 내일 행사는 치러야 하지 않습니까? 그건 아무래도 아닌 것 같습니다."

그러자 전도사는 틀에 박힌 규칙적 생활이 싫다고 하면서 딴소리를 했다. 그때 독신 사역은 절대로 안 된다고 한 어느 교수님의 말이 생각났다.

"지금은 돈으로 막 퍼주든가, 아니면 강력한 카리스마로 밀어붙이든가

해야 해! 그렇지 않으면 교회가 안 돼!"

그런데 지금 불행하게도, 나는 독신에다 둥신에, 카리스마까지 없는 거지가 아닌가? 정말 현실적으로 어려움을 자초했다. 그래서 결국은 내가 또 항복하고 사과했다.

"제가 부족해서 모든 것이 뒤틀리고 잘못된 것 같습니다. 이번 행사가 끝날 때까지만 협조해주세요."

그때 금방 눈물이 쏟아질 것 같았다. 정말 앞이 캄캄했다. 아무것도 보이지 않았다. 그리고 사과조로, 그날 저녁 뷔페에서 식사를 대접했다. 강도사와 여전도사 2명, 반주자에게 행사를 위해 협조를 구했다. 그러자 그들의 표정이 다소 밝아졌다. 하지만 한편으로는 여전히 냉소적이었다.

(2006. 4. 28)

641. 창립예배

7시 반에 본당으로 내려가 기도하며 조용히 행사를 준비했다. 8시가 되자 꽃꽂이하는 집사님이 와서 강단을 장식했다. 이어서 전도사들이 왔다. 9시가 넘어 강도사가 왔다.

그리고 피아노 반주자가 와서 찬양 연습이 시작되었다. 9시 반에 율동하는 팀이 왔고, 트럼펫을 독주할 시각장애인도 도착했다. 10시 반에 찬양과 율동이 시작되었다.

은혜롭게 창립예배를 드리고 식사를 마쳤다. 손님들을 배웅하고 나니 4시였다. 60명 정도 참석했으나 식수 인원은 52명이었다. 내 손님이 30명쯤 되었고, 초대한 찬양단원이 15명, 나머지 15명은 사역자들의 손님이었다.

감사헌금은 무명 10명을 포함해 41명이 드렸고, 헌금액은 180만 원이었다. 내 손님이 120만 원, 나머지 60만 원은 찬양단원과 사역자들 손님의 헌금이었다. (2006. 4. 29)

642. 억지 예배

오늘은 과연 몇 사람이 예배를 드릴까? 창립예배를 드렸으니 10명이 넘을까? 은연중 기대했으나 사역자 5명만 모여 예배를 드렸다.

그동안 잘 나오던 홍 집사님과 박 형제도 나오지 않았다. 뭔지 모르지만, 훼방꾼들이 개입된 듯했다. 내가 당황한 모습을 보이자 그들이 즐기는 눈치를 보였다. 빚을 내어 봉급 주고 훼방꾼을 데려다가 억지 예배를 드리는 것으로 느껴졌다. 하나님 앞에 서 있기가 너무 부끄러워 얼굴이 화끈거렸다.

그때 나는 우리 교회의 장래를 보았다. 맥이 쭉 빠졌다. 주님의 교회가 되지 못할 바에는 차라리 삯꾼들의 교회가 나을 것 같았다. 장사꾼들의 교회는 정말 싫었다. 희망이 없다는 사실을 절감했다. (2006. 4. 30. 주일)

643. 빗나간 열정

'하늘 문이 열리는 축복 성회'라는 슬로건을 내걸고 부흥성회를 시작했다. 찬양단의 찬양도 은혜로웠고, 말씀과 간증도 감동적이었다. 강사는 요한계시록 말씀을 인용하면서, 한국교회가 앞으로 10년을 내다볼 수 없다고 했다.

목동에 사는 동창생 내외와 처음 보는 자매 2명이 집회에 참석했다. 동창생 내외는 내가 강권하여 나왔으나, 자발적으로 나온 자매들은 내일 다시 올지 의문이었다.

혹시 그들이 온다면, 우리 교회에 정착할지가 초미의 관심이었다. 하지만 다음 날 인사를 하고 보니, 바로 옆 교회의 목사님과 전도사님이었다.

설교가 끝나고 기도 시간이 되었다. 마음속 깊은 곳에서 감사와 사랑이 솟아나왔다.

"내 살아 있으니 감사합니다! 주 생명 주시니 사랑합니다! 내주하시고 내 주하시는 내 주 예수님이시여! 내가 주님을 사랑합니다!"

그렇게 첫날 밤 집회가 끝났다. 강사가 야식을 원하여 24시 식당을 찾아가 냉면을 접대하고 돌아왔다. 그런데 자정이 넘도록 여전도사가 기다리고 있었다.

그리고 하나님의 계시를 받았다고 하면서 이야기를 했다. 그 내용이 구체적이고 노골적이어서 정말 무서웠다. 빗나간 열정에 어찌할 바를 몰라 당황했다.

"그러니까 올해 초쯤 되었어요. 20년 넘게 다니던 S교회 입구에서 목사님과 결혼식을 올렸어요. 그리고 버스를 타고 어디를 같이 가려고 했어요. 그런데 버스가 만원이라 탈 수 없었어요.

그래서 교회 정문을 걸어 나왔어요. 그때 목사님 오른쪽 다리의 무릎 아래 부분이 덜렁거리는 모습이 보였어요. 크게 실망하고 돌아가려고 했어요. 그런데 예수님이 조용히 다가와 말씀하셨어요.

'이 사람의 오른쪽 다리가 되어주어라!'

그 말씀을 듣고 다시 돌아보니, 겨자씨 같은 씨를 내 손에 쥐어주었어요. 아주 작고 까만 씨로 반짝반짝 빛이 났어요. 그 겨자씨는 믿음을 상징하잖아요.

저는 처녀의 몸으로 임신해 남들 보기가 너무 부끄러웠어요. 아이를 낳고 키우다가 나중에 결혼하게 되었으나 이혼하려고 했어요. 나는 모태 신앙으로 온 집안이 예수님을 믿었으나, 남편과 그 집안은 골수 불교였어요. 너무 힘들었어요. 그런데 예수님이 나타나 말씀하셨어요.

'하나님께 순종하고 남편에게 복종하라!'

그래서 내 생각과 달랐지만, 20년 넘게 죽기 아니면 살기로 무조건 남편에게 복종하며 살았어요. 그 결과 이제 남편이 예수님을 믿게 되었어요.

그런데 그 예수님이 다시 나타나, 이제 목사님의 다리가 되어주라고 하시며 결혼식을 올리게 하셨어요. 그러니 이제는 목사님과 영적으로 결혼했다고 봐요.

내가 전혀 생각지 못한 상태에서, 주님이 목사님의 다리를 구체적으로 보여주시며, 그 다리가 되어주라고 친히 말씀하셨기 때문이에요. 그러니 싫어도 그렇게 할 수밖에 없어요. 이제까지 나는 주님만 바라보며 믿고 살아왔어요.

그러니 이제부터 내 생명이 다하는 날까지 목사님을 따르며 섬기겠어요. 하지만 목사님이 재혼을 하면 그 즉시 떠날 수밖에 없어요. 내가 설 자리가 없잖아요."

정말 진지하고 감동적인 사이코드라마였다. 거짓은 아닌 것 같았지만 해괴하고 무서운 논리였다. 세상에서 이보다 더한 협박과 공갈이 어디 있을까 싶었다. 한편 앞으로 어찌될까 걱정이 앞섰다.

하나님의 계시는 항상 옳다. 잘못될 여지가 추호도 없다. 하지만 그 계시를 어떻게 받아들이고 적용하느냐에 따라서 천지개벽할 일이 생길 수도 있다. 사실 하나님의 계시는 영원하지만, 우리가 보기에 신묘불측하다.
(2006. 5. 1)

644. 격려 메일

"샬롬! 축제의 장, 광명교회! 창립예배를 드리게 됨을 축하드립니다. 예쁘게 꾸며진 성전에 멋지게 서 있는 임 목사님, 수많은 축하객, 축하하러 온 친구 내외분, 순서 순서가 너무 은혜롭고 정말 감동이었답니다.

제가 복이 많았다면 그 축복 속의 주인공이 되었을 텐데. 저의 복은 따로 있나 봅니다. 그날 찍은 사진을 파일로 보내드릴게요. 임 목사님이 제일 잘 나왔네요.

의정부 형부와 날자 잡아서 주일예배 때 찾아뵐게요. 아름다운 성전이 꽉 채워지고 은혜와 성령이 넘쳐나, 광명시에 믿지 않은 모든 분이 광명교회를 통해 예수님 믿을 수 있기를 기도합니다.

임 목사님! 목사님이 최고입니다. 주 안에서 사랑합니다."

이 글은 얼마 전 헤어지고 재혼한 여자 친구로부터 온 메일이다. 그날 남편과 함께 창립예배에 참석했다. 그 자매의 형부는 복지관 버스기사로 일하는 분이었다. (2006. 5. 2)

645. 영원한 약속

"집사님의 글을 보니 참으로 감사하고 안심이 됩니다. 그러니까 2001년 2

월 1일, 하얗게 눈 쌓인 겨울밤, 우리는 처음으로 만나 드라이브를 했지요. 양평 항공기 카페에서 커피 한 잔을 나눠 마시며, 우리의 만남은 그렇게 시작되었지요.

그리고 약 4년 가까이 이어진 우리의 만남은 이제 아름다운 추억이 되었습니다. 그날 밤늦게 우리는 미사리 솔향기 한식집에서 저녁을 먹고, 올림픽대로를 타고 내려오면서 약속했지요.

'우리는 아무리 어려워도, 감사함으로 살다가 감사함으로 들림 받아요.'

그때 우리는 이렇게 약속했습니다. 지금도 눈에 선합니다. 그 약속은 영원히 살아있습니다. 하나님께서 증인이 되셨습니다. 이제 우리는 주님의 뜻에 따라 각자의 길을 갑니다. 하나님이 주신 은사가 서로 다르기 때문이지요.

집사님, 정말 감사합니다. 하나님의 뜻에 따른다는 것, 그 자체가 행복이요, 영광입니다. 잠시 순례자의 길을 걷다가 하나님의 품으로 돌아가는 것이 우리의 인생입니다.

이제 집사님은 아름다운 가정을 통해 하나님께 영광을 돌리고, 나는 복음을 전파하고 진리를 증언하기 위해 교회를 섬겨야 합니다. 우리는 그렇게 살라고 부르심을 받았습니다.

집사님, 우리는 하나님 앞에서 영원한 약속을 했습니다. 사실 그때 약속도, 집사님의 밝은 모습을 보고 제가 감동하여 제시한 것이었습니다. 그래서 집사님은 잘 지킬 것으로 보이지만, 사실은 제가 걱정입니다. 저를 위해 기도해주시기 바랍니다.

'감사함으로 살다가 감사함으로 들림 받자!'

집사님의 그 밝고 명랑한 특유의 모습이 하나님 앞에서 영원히 빛나기를 기도합니다."

이날 3박 4일간의 부흥성회가 끝났다. (2006. 5. 4)

646. 11명 예배

입당한 지 50일 만에 11명이 예배를 드렸다. 비로소 10명이 넘어섰다. 예배당이 꽉 차 보였다. 우리 예배당은 단상이 7석, 단하가 48석으로 모두 55석이다. (2006. 5. 7. 주일)

647. 어버이날

갑자기 여름 날씨가 되었다. 지하철을 3번이나 갈아타고 서대문 적십자병원에 문상을 갔다. 상주인 '순수한 사랑' 자매를 만나 얘기를 나누었다. 개척교회 하느라 고생하지 말고 구세군으로 교단을 옮기라고 했다. 그 자매는 나와 동창생으로 남편이 구세군 사관이었다.

구세군은 중앙집권제로 마음 놓고 복음을 전할 수 있으며, 교회 사역이 사회 복지와 연계되어 비전도 좋다고 했다. 하지만 그 일은 내가 임의로 결정할 일이 아니므로 기도해보겠다고 했다.

문상을 마치고 돌아와 자리에 누웠더니, 전도사가 어버이날이니 저녁을 먹자고 했다. 광명에서 처음으로 식사를 대접받았다. (2006. 5. 8)

648. 철야기도

사역자 회의를 하다가 전도사가 반주자인 자기 딸에게 사과를 하라고 요구했다. 창립예배를 드릴 때 반주자의 동의 없이 다른 반주자를 불러들였다는 이유였다. 그러자 강도사가 말했다.

"아직 반주자가 서툴러 내 딸을 불렀던 것인데, 내가 만나 얘기하겠습니다."

그러자 전도사가 말했다.

"아닙니다. 목사님이 직접 사과하세요."

순간적으로 화가 나서 말했다.

"아니 그런 일까지 내가 일일이 사과하면 교회가 어떻게 되겠습니까? 강도사에게 사과하고, 전도사에게 사과하고, 이제는 반주자에게까지 사과하란 말이오?"

그러자 전도사는 자기가 얼마나 있을지 모르지만 자기 딸을 데려온 것을 후회한다고 했다. 그래서 저녁에 기도하며 말했다.

"모두 섭섭한 마음을 푸시기 바랍니다. 제가 그 생각까지 미처 못 했습니다."

그리고 밤에 누군가 철문을 두드려 나가보니 전도사였다.

"사사건건 충돌하니 어떻게 함께 일한대요?"

"돌이켜보니 그런 사정 속에서도 하나님의 섭리가 계신 듯합니다. 이제 안심하고 돌아가세요."

"아니요, 하나님의 뜻이라면 이렇게 불편할 수가 없어요. 우리가 영적 진단을 받아보는 것이 어떨까요? 누가 참 영을 가졌고, 누가 거짓 영을 가졌는지?"

"아니, 영적 진단이라니요? 누가 감히 영적 진단을 한단 말이오? 그런 말은 이제까지 들어본 적이 없소!"

"아니요, 있어요! 그런 사람이 있어요."

그러면서 간증하기 시작했다.

"지난 토요일부터 철야기도를 드리고 있어요. 혼자서는 도저히 감당하기 어려우니 동참해주세요. 귀신이 가장 설치는 밤 2시부터 새벽예배까지 앞으로 70일간 해요.

첫날 교회당에서 기도하다가 3시 15분에 자리에 누웠어요. 그때 믿는 여자를 가장한 귀신 두 마리가 나타났어요. '왜 여기서 기도하느냐?'고 묻기에, '내가 내 교회에서 기도하지 않으면 어디서 하느냐?'고 했어요.

그리고 '내가 그 더러운 주둥이를 찢어버리겠다'고 하면서 달려들어 두 귀신의 입을 길게 찢어버렸어요. 그러자 감쪽같이 사라졌어요.

그때 또 옆에서 누른 옷을 입은 귀신 하나가 내 목을 졸랐어요. 어떻게 생긴 놈인가 쳐다보았더니 얼굴이 보이지 않았어요. 그래서 '예수의 피! 예수의 피!' 하고 소리를 지르며 반항하자 역시 사라졌어요.

그 정도가 되면 남자도 불 안 켜고 기도하지 못할 거예요. 하지만 나는 끝까지 불을 켜지 않고 그대로 기도했어요. 지금 성령님의 지시로 교회를 위해서만 기도 중이에요. 정말 합심기도가 필요합니다."

그래서 나는 고개를 끄덕이며 동참하겠다고 했다. 그러자 서둘러 집으로 돌아갔다. 4시 알람을 1시 반으로 바꾸고 잠자리에 들었다. (2006. 5. 9)

649. 강단 기도

전날 약속에 따라 1시 반에 일어나 씻고 예배당으로 내려갔다. 전도사가 2시에 맞춰서 나오더니 뒤쪽에서 기도했다. 나는 강단에서 기도하다가 새벽예배를 인도했다.

전도사가 3마리 귀신을 쫓아내서 그런지 강단이 포근한 안방처럼 느껴졌다. 전에는 그런 감동이 없었다. 다소 으스스하다는 느낌도 없잖아 있었다. 정말 더러운 귀신이 떠나간 듯했다.

그때 환상이 보였다. 전도사가 황급히 옥상 라운지로 올라가고 있었다. 거기서 쉬는 사람들에게 차를 대접하는 것 같았다. 그때 파라솔 아래 사람들이 옹기종기 모여 있었다.

그런데 얼마 후, 나 자신 같은 사람이 벌거벗은 모습으로 걸어 나오고 있었다. 그 뒤를 이어서 다른 사람들도 벌거숭이로 걸어 나왔다. (2006. 5. 10)

650. 패닉 상태

자정이 가까운 시간에 악한 세력이 틈타는 기색이 보였다. 주먹을 불끈 쥐고 힘껏 내리쳤더니, 실제로 책장을 내리쳐서 일어나게 되었다.

오늘은 꿀벌의 22번째 생일이다. 예전 같으면 즉시 일어나 아이를 위해 기도했으나, 교회가 불안하여 교회밖에는 아무 생각이 없었다.

그리고 내 장래도 너무 불안했다. 날마다 패닉 상태에 빠져 비몽사몽 간 지내고 있었다. 수면 부족으로 날마다 머리가 띵했다. 이러다가 갑자기 쓰러질 수도 있다는 생각이 들었다.

한편 그럴수록 내 인생을 송두리째 주님께 맡겨야 한다는 생각도 들었다. 아무것도 생각지 말고, 더욱 철저하게 '무 유골 무 유품 무 유산'의 약속을 지키라는 감동이 일어났다. (2006. 5. 11)

651. 갈수록 태산

밤 10시 반부터 철야기도에 들어갔다. 예전에는 금요일 밤부터 토요일 새벽까지 철야기도를 드렸다. 돌이켜보니 30년 만에 온전한 철야기도였다. 그때 수차례 환상이 보였다.

축축하게 젖은 바위투성이 작은 개울이 있었다. 그런데 개울물이 없었다. 그 갈증은 오래 지속될 것으로 보였다.

"주여, 아무리 습기가 많으면 무얼 합니까? 정작 마실 물이 없는 걸요. 깨끗한 물이 가득한 개울을 보여주소서."

그러자 즉시 물이 보였다. 그런데 주변이 온통 사막이었다. 사막 가운데 있는 오아시스로 여겨졌다. 하지만 물이 아니라 모래 산에서 흘러내리는 모래였다.

"주님, 이게 무엇입니까? 사막에 모래 강이라뇨? 너무 메마르고 삭막합니다."

그러자 이번에는 황토 산이 보였다. 토질은 좋아 보였으나 민둥산이었다. 아래쪽에 작은 계곡이 있었다. 그런데 그냥 흙으로 갈라진 틈새였다. 풀 한 포기, 돌멩이 하나도 보이지 않았다.

"주님, 이는 또 무엇입니까? 아무리 흙이 좋으면 뭘 합니까? 바위와 초목과 물이 있어야지요?"

그러자 산기슭 계곡에 나뭇잎이 보였다. 그런데 솔가지를 꺾어놓은 것이었다. 메마르고 딱딱하여 생기가 없었다.

"주님, 갈수록 태산이라더니 이건 또 무엇입니까? 날카롭고 거칠어 위험합니다."

그러자 더 이상 아무것도 보이지 않았다. 그리고 몇 시간이 지났는지 다시 환상이 보였다.

교회 출입문 1층 복도에 맑은 물이 넘실거렸다. 그때 처음 보았던 개울에도 깨끗한 물이 흘렀다. 잠시 후 개울 주변에 초목이 우거졌다. 그런데 잠시 보이다가 모두 사라져버렸다. (2006. 5. 12)

652. 내리사랑

어머니가 예배에 참석했다. 마침 어버이 주일이라 부모 공경에 대한 설교를 했다. 하지만 내 과거를 돌아보니 얼굴이 화끈거렸다.

어머니는 교회당을 빌릴 때 1,000만 원을 보태주었다. 그래서 보증금 1,500만 원에 월세 100만 원으로 교회당을 임차했다.

어머니는 주일예배에 이어 찬양예배까지 드리고 동생 집으로 돌아갔다. 그때 귓속말로 일러주었다.

"내가 가지고 있는 돈 100만 원을 보내줄 테니, 이번 달 월세를 내어라."

그래서 어버이날 선물로 내가 오히려 큰 선물을 받았다. 그때 내리사랑은 있어도 치사랑은 없다는 속담이 생각났다. (2006. 5. 14. 주일)

653. 새벽기도

새벽예배에 나오는 여전도사가 있었다. 3시에 일어나 씻고 1년 1독 성경을 읽었다. 오늘 전할 말씀을 검토하고 본당으로 내려가 잠시 기도했다.

그리고 차량 운행을 위해 밖으로 나갔다. 누가 차 유리를 깨뜨려 놓았다. 피가 묻어있는 것으로 봐서 주먹으로 내리친 것으로 보였다. 안타까운 마음에 그를 위해 기도했다.

"차 유리에 손을 다친 사람을 긍휼히 여겨주소서. 혹시 주먹에 파편이 박혔다면 제거하여 주시고, 흉터가 남지 않게 치료해주소서. 자신의 잘못을 뉘우치고 다시는 객기를 부리지 말게 하시고, 예수님을 믿고 새사람이 되게 하소서."

6시에 다시 차량 운행을 하고 아침을 먹었다. 내가 개발한 나만의 체조를 하면서 하늘을 우러러 소리치며 기도했다. 교회를 개척하고 두 달이 지나자 조금씩 안정을 취하는 듯했다. (2006. 5. 15)

654. 찻집 전도

오전 내내 청소와 이불 등 크고 작은 빨래를 했다. 건물이 낡은 탓도 있지만, 도로변이라 자동차 배기가스도 만만치 않아 새까만 먼지가 가구와 책상 위에 쌓였다.

오후에는 경동시장에 나가 약간의 반찬거리를 샀다. 그리고 한약방에 들렀다. 진땀이 흐르고 냄새가 나는 증상에 대해 물어보니, 기가 약해서 그렇다고 했다.

돌아오다가 전도사 친구가 운영하는 찻집에 들러 전도했다. 교회에 잘 다니다가 쉰다고 했다. 그야말로 가나안 교인이었다. 이후 경제적으로 어려움에 시달린다고 했다.

그때 성령님이 강하게 주장하여 한참 말씀을 전했더니, 가능한 이른 시일 내 나오겠다고 약속했다. (2006. 5. 16)

655. 주의 도구

새벽 1시에 일어나 씻고 예배당으로 내려가 기도하기 시작했다. 4시경 환상이 보였다.

기도하는 내 앞에 1차선 도로가 있었다. 신호를 기다리는 차가 즐비하게 서 있었다. 그러다가 조금씩 이동하기 시작했다. 두어 대가 내 코앞까지 다가왔다.

그때 나는 산언덕에 있었다. 아래쪽에 야외 주차장이 보였다. 여전도사가 운전하는 차를 선두로 다른 차가 줄을 지어 들어왔다. 거기 이미 다른 차들이 많았다.

"주여, 저는 주의 손에 들린 하나의 도구입니다. 그 이상도, 그 이하도 아닙니다. 이제 빈손입니다. 아무것도 없습니다. 참 자유롭습니다. 정말 평안합니다. 진심으로 감사합니다. 이 모든 것이 주님의 은혜입니다."

(2006. 5. 17)

656. 할아버지 부축

교회 입구에 신발이 가득하였다. 그 위로 거동이 불편한 할아버지가 신을 신은 채 들어오고 있었다. 얼른 나가 그를 부축해 안으로 모셨다. (2006. 5. 21. 주일)

657. 벌거숭이

벌거숭이 세 사람이 작은 쪽배를 타고 항해하고 있었다. 그들 가운데 두 사람이 누가 큰가를 두고 서로 티격태격하는 모습이 보였다.

그때 보이지 않는 분이 나타나 한 사람을 넘어뜨렸다. 그는 리더로서 리더의 역할을 하지 못하는 장애인이었다. 그리고 뱃머리에 앉아 교만을 떠는 2인자의 뺨을 내리치며 뭐라 크게 나무랐다.

그리고 얼마 후 다른 배들이 많은 어느 바닷가 포구에 들어갔다. 그런데 배에 타고 있는 사람들 모두가 벌거숭이였다. 그들이 탄 배 바로 옆에서 한 여성이 손을 흔들며 환영하고 있었다. 그녀 역시 벌거숭이였다. (2006. 5. 22)

658. 부목사

전도사로 와서 안수를 받은 부목사가 6월 16일부로 사임하겠다는 의사를 밝혀 6월 사례금을 먼저 지급했다. 그리고 저수지 인근의 조용한 식당으로 가서 점심을 대접하고, 내일부터 출근하지 말고 다른 곳을 알아보라고 했다.

그런데 공교롭게도, 그 사이에 도둑이 들어 교회당을 난장판으로 만들어놓았다. 마음이 언짢아 강단에 엎드려 기도하고 나왔더니, 여전도사가 찾아와 위로해주었다.

부목사는 평소 이렇게 말했다.

"나는 하나님이 보내 여기 왔으며 봉급생활자로 오지 않았다. 이 나이에 굶어 죽으면 죽었지, 봉급을 바라고 왔겠느냐?"

그리고 자기 일은 자신이 알아서 한다고 하면서, 이런저런 일을 시키지 말라고 했다. 그래서 그들에게 모든 것을 양보하고, 내가 그들을 섬기려고 했다. 하지만 그들은 사사건건 시비를 걸면서 협조하지 않았다.

게다가 금식기도 중이다, 보양 기간이다, 하나님께 진로를 물어본다는 등으로 출근하지 않았다. 자기 일을 위해 지방 출장을 가면서도, 전도사에게 교회 차를 운전시키기도 했다.

그리고 지난 금요일 볼일이 있어 시내에 나갔다가 돌아와 보니, 외식을 한다고 나간 사람들이 3시가 넘도록 들어오지 않았다. 그래서 듣기 싫은 소리를 한마디 했다.

"삯군도 삯을 받은 만큼은 일하지 않습니까? 앞으로 좀 더 열심히 하자는 취지로 하는 말입니다."

그러자 그때부터 그들이 더욱 나를 힘들게 했다. 심지어 노회에 가서 나를 욕하며 헛소문을 퍼뜨리고 다녔다. 교회 나오는 성도들까지 못 나오게 하는 등, 그야말로 수단과 방법을 가리지 않고 교회를 어렵게 만들었다.

그래서 내가 한 말이 오해를 살 수 있었다는 사실을 인정하고 사과했다. 그는 나보다 10살이나 많은 데다 2번이나 이혼하고, 사업을 하다가 6억 원의 빚을 지고 파산한 상태였다. (2006. 5. 25)

659. 젊은 부부

매일 2시부터 5시까지 기도하고 새벽예배를 인도했다. 기도하다가 보니 내 앞에 작은 밥상이 차려져 있었다. 그런데 내 앞에는 수저가 없고 맞은편에만 수저가 있었다. 의아하여 다시 보니 강대상과 십자가만 보였다.

"오, 주여! 먼저 식사하소서. 저는 주님이 드시고 남은 부스러기를 먹겠습니다."

전도사가 기도하는 중에 젊은 부부가 와서 예배를 드리고 등록하는 모습을 보았다고 하더니, 정말 젊은 커플이 와서 예배를 드렸다.

식사를 마치고 등록하라고 권했더니, 부인은 친근감을 표시하며 마음에 들어 하였으나, 남편은 소속 교단을 묻는 등 관심을 보이다가, 개척교회라 아무래도 힘들다고 하면서 거절했다.

식사를 마치고 나갈 때 기념 수건을 주었더니 감사함으로 받아갔다. 전도사는 다음 주에 꼭 온다고 하였으나, 그들은 다시 오지 않았다. (2006. 5. 28. 주일)

660. 수레바퀴

강대상에 기대앉아 기도했다. 작은 식물 하나가 내 배꼽 아래 던져지는 환상이 보였다. 그래서 주님께 여쭤보았다.

"주님, 이게 무엇이며 무슨 의미입니까?"

그때 어떤 사람이 오른쪽 다섯 손가락을 약간 구부리고 아랫배를 한 바퀴 돌린 뒤, 살짝 주먹을 쥐고 입 앞에 대며 양치하듯 상하로 몇 번 움직이는 모습이 보였다.

"아니, 저건 수화가 아닌가? 민들레 같기도 하고 아닌 것 같기도 한, 작은 식물 하나가 내 아랫배에 던져진 것과 무슨 관계가 있을까?"

새벽 3시경이었다. 강단에서 심야기도가 계속되어 늘 수면이 부족한 상태였다. 하지만 새 신자가 4명이나 되어 다음 주부터 성경공부를 하기로 했다. 점심 식사 후 자료를 검토하다가 피곤하여 잠깐 눈을 붙였다.

서울 종로에 있는 비원 앞 광장으로 보였다. 거기서 수레를 밀고 있었다. 그런데 잘 굴러가지 않았다. 바닥을 보니 평편하여 바퀴에 문제가 있는 듯했다. 하지만 아무리 살펴봐도 이상이 없었다.

그때 내 앞에 '창조' 목사 내외가 내 수레와 똑같은 수레를 밀고 있었다. 그런데 그 수레도 잘 굴러가지 않았다. 그에게 말했다.

"목사님, 제 수레바퀴를 한번 살펴봐주시지요."

수레는 손볼 것이 없다는 사실을 알고 있었으나, 그래도 같은 어려움을 겪고 있는 처지에 잠시 관심을 돌리려고 했다. 그러자 그가 수레바퀴를 여기저기 만지며 살펴보았다.

그때 놀라운 일이 일어났다. 그토록 애써도 굴러가지 않던 수레바퀴가 스스로 달리기 시작했다. 전혀 힘들지 않았다. 오히려 내가 수레를 따라갈 정도였다.

그런데 '창조' 목사는 여전히 광장 가운데 머물며 애를 태웠다. 안타까운 마음이 들었지만, 내가 가서 그 수레바퀴를 살펴볼 생각은 하지 못했다.

(2006. 5. 30)

예스 4, 희망의 나래

제20편

사랑과 용서

661. 오직 主 예수

심야기도 중에, 서너 사람이 작은 배를 타고 바다를 항해하고 있었다. 그러다가 얼마 후 큰 배를 만나 옮겨 탔지만, 내가 그 배에 타고 있었는지는 분명하지 않았다.

새벽예배를 드리고 강단에서 내려가 기도하다가 다시 환상을 보았다. 내 수첩이 갑자기 활짝 펴지며 바닥에 떨어지더니, 가지런히 꽂혀있던 10여 장의 신용카드가 흩어졌다. 어찌할 바를 몰라 허둥대다가 이런 생각이 들었다.

"저 많은 카드를 어떻게 제자리에 맞춰 끼울까? 저 카드가 없으면 어떻게 교회를 운영할까?"

하지만 한편으로는, 그것이 보이지 않는 하나님의 손에 의해 버려졌다는 생각도 들었다.

"그래, 충분히 그럴 수 있어! 하나님의 뜻일 수도 있어! 그렇다면 이참에 아예 저 모든 카드를 버려버릴까? 하나님께서 책임지실 것이 아닌가? 그게 바로 믿음이 아닐까? 사실 믿음은 '바실보증'(바라는 것들의 실상, 보지 못하는 것들의 증거)이 아니던가? 당장은 두렵지만, 주님을 믿고 포기해버리자!"

그러면서 내 수첩을 보니, 수첩 안에 있던 다른 것들까지 다 빠져나가고 아무것도 없었다. 그때 내 눈에 보이지 않는 분의 손에 황금색 백지 카드 하나가 들려 있는 모습이 보였다.

그리고 그분이 그 카드에다 무엇이든 쓰고 싶은 것을 쓰라고 했다. 그래서 잠시 머뭇거리다가 이렇게 썼다.

'오직 主 예수!'

그때 나는 분명히 가운데 글자 '主㈜'를 한문으로 쓰고 나머지 글자는 한글로 썼다. 그러자 보이지 않는 그분의 신비로운 손길에 의해 그 카드가 내 수첩으로 옮겨져 꽂혔다. 그러자 그것이 내 수첩에 꽂힌 유일한 카드가 되었다.

주방에 들어가 보니 밥은 없었으나 묵이 한 토막 있었다. 그것으로 아침을 때웠다. 4층으로 올라가 옷을 갈아입고 다시 나왔다.

옥상에 심어놓은 고추와 토마토, 상추 등에 물을 주고 나만의 체조를 했다. 하늘을 향해 두 팔을 벌리고, '야베스의 기도'와 '시편의 말씀'을 영어로 소리 높여 외쳤다.

"Oh, that you would bless me, and enlarge my territory! Let your hand be with me, and keep me from harm, so that I will be free from pain! (오, 주여! 저에게 복을 주시고, 저의 지경을 넓혀 주소서. 주의 손으로 저를 도우시고, 환난에서 벗어나 근심이 없게 하소서.)"

이어서 마지막으로 다시 한 번 소리쳤다.

"그래, 나도 할 수 있다! 하면 된다! 해보자! 아멘!"

그리고 숙소로 들어가 컴퓨터를 켠다. 이것저것 자료를 검색하다가 피곤하면 잠을 잔다. 그때가 보통 7시 반에서 8시쯤이다. 약 1시간을 자고 일어나 하루 일과를 시작한다. 이는 내 일상이요, 습관이다.

그렇게 오늘도 자리에 누웠더니, 비록 그 모습은 보이지 않았으나, 어떤 사람이 이렇게 말하는 소리가 들렸다.

'주께서 축제의 장, 광명교회를 축복하신다는 소식을 듣고, 이제 막 교회에 가려고 출발했다!" (2006. 6. 2)

662. 가족 예배

사임한 부목사와 그의 딸과 사위, 여전도사 2명과 반주자, 그리고 다른 1명이 예배를 드리기 시작했다.

지난주 나온 젊은 부부도 나오지 않았고, 중국 교포 할머니도 보이지 않았다. 더욱이 우리 교회 유일한 집사님도 나오지 않았다. 맥이 풀렸으나 내색하지 않고 예배를 드리기 위해 강단에 섰다.

그때 어머니와 남동생 내외가 어린 아들을 데리고 교회당에 들어섰다. 이어서 파주 누나와 아들, 캐나다에 살고 있는 누나의 딸과 사위까지 들어왔다. 그래서 16명이 예배를 드리게 되었다.

그러니까 지난주에 15명, 그 지난주 16명에 이어서 3주 연속 15명 이상이 예배를 드렸다. 하지만 내 가족들이 대부분이라 사역자들은 달갑지 않게 여겼다. (2006. 6. 4. 주일)

663. 찢어진 이불

밤 10시에 잠자리에 들었다가 1시에 전도사가 깨워 일어나게 되었다. 2시부터 심야기도를 드리기 위해 예배당으로 내려갔지만, 일시에 피로가 몰려왔다.

일일 성경을 읽은 후 새벽예배에 전할 말씀을 준비했다. 그리고 강대상 미닫이 문지방에 스타킹을 깔고, 머리를 그 속에 넣어 한숨 자고 나니 4시가 되었다. 그런데 그 곤한 잠 속에서도 의미 있는 꿈을 꾸었다.

'세 현인'이라는 사람과 '불꽃의 아들'이 내가 덮고 자는 이불을 펴면서 찢어진 곳을 지적했다. 그때 내 옆에 있던 여종이 찢어진 곳에 임시방편으로 붙여놓은 스카치테이프를 뜯어내자 새것처럼 말끔해졌다.

그러자 이번에는 '거룩한 술수'라는 사람이 또 찢어진 곳을 지적했다. 역시 여종이 너덜너덜 붙어있던 테이프를 뜯어내자 즉시 수선이 되었다. 그러다가 나중에 마지막 남은 한 곳을 그들이 펼쳐 보였다.

그때 겨드랑이 같기도 하고 사타구니 같기도 한 이불의 한쪽 모퉁이가, 가로와 세로로 크게 찢어진 것이 드러났다. 그곳은 네 조각의 천이 하나로 합쳐진 자리로 십자가 모양이었다.

그런데 그곳에도 역시 스카치테이프가 너덜너덜 붙어있었다. 마치 손바닥으로 하늘을 가리듯이 그렇게 붙여놓았다. 그래서 테이프를 뜯어내자 찢어진 곳이 열십자로 더욱 크게 벌어졌다.

"이걸 어째? 이건 너무 커서 어쩔 수가 없네. 더 이상 안 되겠어."

그리고 손을 놓고 바라보았다. 그러다가 혼잣말로 중얼거렸다.

"하지만 다른 방법이 없지 않은가? 어떻게든 한 번 더 해봐야지." (2006. 6. 5)

664. 첨단 마우스

심야기도가 끝날 즈음 환상이 보였다. 어떤 분이 컴퓨터 마우스 2개를 선물로 주었다. 그런데 작은 강아지만큼 컸다. 그리고 바퀴가 달려 있는, 지금은 없으나 장래에 있을 법한, 최첨단 마우스였다. 나름대로 요모조모 살펴보았으나 어떻게 사용하는지 알 수가 없었다.

나는 가끔씩 내가 한 말로 인해 어려움을 겪곤 한다. 어느 때는 해명도 하고, 조건 없이 사과도 하며, 어떤 때는 기도함으로 위로를 받는다.

그런데 그런 어려움이 내가 한 말 때문이 아니라, 내 말을 받아들이는 사람들의 믿음 때문이라는 사실을 알게 되었다. 그들의 생각을 주장하는 악한 세력이나, 그와 비슷한 무엇이 있었다는 것이다.

사실 그 모든 원인은 그들의 생활환경과 살아온 배경, 믿음의 수준과 인간적 생각 등을 교묘하게 이용하는 악한 세력에 있었다.

그런데 더욱 놀라운 사실은, 그 모든 것을 참고 견뎠더니, 그 속에서도 합력하여 선을 이루시는 하나님의 은혜가 있었다는 점이다.

자청하여 수요예배를 인도하던 부목사가 설교 중에 이런 말을 하여 또 나를 당혹하게 만들었다.

"목사님이 파트타임으로 일하라고 하였으나, 사역에는 파트타임이 없습니다. 지금과 마찬가지로 그대로 일하겠습니다. 목사님, 그렇게 해도 되겠죠?"

어처구니없는 말에 나는 이렇게 대답했다.

"기도해보고 결정하시지요."

그러자 부목사가 즉시 선포했다.

"예, 감사합니다. 목사님이 승낙하셨습니다. 예전과 같이 그대로 하겠습니다."

나는 부목사가 교회를 욕하고 다닌다는 사실을 잘 알고 있었다. 그래서 그의 말대로 조건 없이 그의 사직을 받아들였다. 그리고 그는 5월부터 사실상 교회를 떠난 상태였다. 그만둔다는 말이 너무 고마워 6월분까지 사례금을 선뜻 지급했던 것이다.

그리고 그가 6월 17일부터 파트타임으로 사역을 요청하였으나, 나는 그때 가서 보자고 하면서 어려움을 피력했다. 그런데도 그는 계속 교인들을 회유하며 교회를 어렵게 했다. 그런 그가 갑자기 돌변하여 이렇게 나오는 것을 보니, 뭔가 또 다른 흉계를 꾸미고 있다는 생각이 들었다.

비록 그가 이번 설교를 준비하면서 눈물로 회개했다고는 하였으나, 그것이 또 다른 사탄의 술수인지 심히 의심스러웠다. 강단에서 노골적으로 거짓말을 했기 때문이다.

그래서 그의 질문을 받은 나는 기도해보자고 하였다. 그런데 그는 자기 말을 내가 받아들인 것처럼 선포했다. 자칭 눈치가 10단이라는 그는 정말 보통내기가 아니었다. 고도로 포장된 사탄의 술수를 내가 또 어찌 감당할지 심히 걱정스러웠다.

여전도사도 걱정이 태산이라고 하면서, 이미 떠난 사람이니 더 이상 인정을 베풀지 말라고 했다. 하지만 나는 그 또한 하나님께서 합력하여 선을 이루어주실 때까지 좀 기다려 보자고 했다. (2006. 6. 7)

665. 생토볼

새벽기도 중에 보니 내가 세차를 하고 있었다. 항상 깨끗이 이용하여 차량 실내에 쓰레기가 거의 없었다. 그런데 조수석에서 분갈이용 생토볼 같은 것들이 엄청나게 쏟아져 나왔다. 그래서 대형 청소기를 가져다가 빨아들였다. (2006. 6. 8)

666. 바벨탑 사건

오늘부터 심야기도, 새벽예배, 주일예배, 성경공부, 찬양예배로 이어지는 강행군을 시작했다. 새벽 3시부터 오후 3시까지 설교와 강해를 4차례 하였으나, 미리 준비하여 은혜롭게 잘 감당하였다.

그런데 찬양예배를 마치고 나서 여전도사가 또 어려운 제안을 하였다. 부목사를 내보내지 않으면 자기가 먼저 나갈 수밖에 없다고 했다.

그들은 신학교 동기생으로 서로가 없으면 못 살듯이 의기투합하다가, 이제는 서로 반목질시하며 이전투구하고 있었다. 정말 인간적으로 알다가도 모를 일이 계속 이어졌다.

그때 하나님께서 사람들의 언어를 혼잡케 하여 온 세상에 흩어버린 바벨탑 사건이 생각났다. 하나님의 섭리가 계심이 분명하였다. (2006. 6. 11. 주일)

667. 큰 촛불

새벽예배를 마치고 4층 숙소로 올라왔다. 오랜만에 한적한 시간을 갖게 되었다. 그러나 마음 한구석에는 여전히 걱정이 앞섰다.

육신적 장애와 독신, 그리고 경제적 부담이 원인이었다. 하지만 그 모든 것을 누구보다도 잘 아시는 하나님께서 합력하여 선을 이루어주시리라 믿고 있었다.

그런데 갑자기 머리가 아프기 시작했다. 진통제를 먹고 출입문을 걸어 잠갔다. 그리고 향후 교회운영과 설교개혁 등 핵심적인 부문을 구상하며 자리에 누웠다.

강대상 가운데 큰 촛불이 있었다. 초의 몸이 내 몸이었고, 초의 불이 내 머리였다. 그렇게 내 머리는 불타고 내 몸은 녹아내렸다. 그 자세와 입을 보니 강대상 앞에서 기도하고 있었다.

요즘 나는 실제로 심야기도를 드리고 있다. 강대상 뒤에 앉아 말씀을 묵상하며 기도하는 그 모습이 순간적으로 불타는 초로 비췄던 것이다. (2006. 6. 12)

668. 천국 칠언

어제에 이어서 오늘도 머리가 아파 진통제를 먹고 하루를 보냈다. 전도사의 도움으로 4층 청소를 했다. 수고했다는 인사를 하지 않았다는 이유로 또 핀잔을 주었다. 그렇게 불편한 동역은 계속 이어졌다.

전도사가 천국 칠언(天國七言)도 실천하지 못하면서 입으로만 말하면 무슨 소용이 있느냐고 조롱했다. 그것은 '사랑해요', '미안해요', '괜찮아요', '좋아요', '잘했어요', '훌륭해요', '고마워요'라는 말이었다. 그러고 보니 내 인생 여정에서 그 말을 찾아보기 힘들었다. (2006. 6. 13)

669. 검은 돌

부목사가 공식적으로 교회를 그만두는 날이다. 사역자들을 데리고 시흥 저수지로 가서 저녁을 대접했다. 정말 마음이 개운했다. 그가 교회 벽을 뚫던 모습이 생각났기 때문이다.

그런데도 한편으로는 또 무슨 일이 생길지 몰라 불안했다. 주님이 들고 있던 4개의 검은 돌이 어떤 모습으로 다가올지 몰랐기 때문이다. (2006. 6. 17)

670. 3대 비전

오늘은 13명이 예배를 드렸다. 축제의 장, 광명교회의 3대 비전을 제시했다. 권세의 장과 축복의 장과 섬김의 장으로 크게 분류하고, 권세의 장은 가르치는 권세와 전도하는 권세와 치유하는 권세로, 축복의 장은 영성축복과 물질축복과 건강축복으로, 섬김의 장은 나라(성도)와 민족(국민)과 백성(만민)을 섬김으로 나누었다.

또 구역과 선교회라는 두 조직으로 큰 셀을 구성하고, 예배와 교육과 전도와 친교와 봉사라는 교회의 기능을 공동체 안에서 축제로 삼고, 셀과 축제의 두 날개로 교회와 지역사회와 국가를 섬긴다는 원대한 방침을 정하고 선포했다.

그리고 사역자의 생활비는 최소한으로 지급하되 누구나 무상 봉사를 원칙으로 하며, 장기적으로 헌금 없는 예배와 사례 없는 사역을 실현한다는 원칙을 공포했다.

빠듯한 주일 순서를 모두 마치고 쉬고 있었더니, 6시경에 전도사가 찾아왔다. 지난밤에는 철야기도로 못 잤고, 새벽기도 후에도 점심 준비로 이제껏 애썼는데, 어찌 수고했다는 말이 없느냐고 했다. 그 한 마디면 모든 피로가 봄눈 녹듯 사라지는데 왜 그러지 않느냐고 따졌다.

그래서 미처 생각지 못했다고 했더니 하루에 15번씩 인사하면 사례금 100만 원을 받지 않겠다고 했다. 돈이 문제가 아니라 성격이 문제이고 점

차 그렇게 바뀔 것이라고 했다.

그럼에도 끝까지 자기주장을 굽히지 않고 지금 당장 그만두겠다고 협박했다. 예배당 열쇠를 던지고 나가는 시늉을 했다. 나도 더 이상 끌려 다니지 않겠다고 생각했다.

그때 새 신자 한 명이 들어왔다. 술만 마시고 5일 동안 밥을 먹지 못했다고 했다. 그에게 죽을 끓여 먹이고, 10시 반까지 이야기를 나누었다. 그리고 서로 노력하자는 선에서 봉합했다.

그러고도 전도사는 눈물만 자꾸 쏟아진다고 하면서 몇 차례 메시지를 보냈다. 심지어 다시 교회로 나오겠다고 했다. 너무 피곤하니 제발 오지 말라고 사정했다. 모든 것이 힘들고 귀찮았다. (2006. 6. 18. 주일)

671. 소심한 갈등

심신이 쇠약했다. 2시에 본당으로 내려가 기도하다가, 4시에 차량을 운행하고, 5시에 예배를 인도했다. 그리고 6시까지 기도하다가, 다시 차량을 운행했다. 신학교에 다니는 여전도사가 새벽예배에 나왔기 때문이다.

그때 잠시 환상을 보았다. 강단에 올라가 기도하려고 했다. 그런데 강단 아래 있는 소강대상의 마이크 줄이 팽팽하게 당겨지면서 나를 가로막았다. 그래서 소심한 갈등에 휩싸였다.

이 줄을 넘어갈 것인가, 줄 아래로 기어갈 것인가, 줄 옆으로 돌아갈 것인가, 아예 줄을 뽑았다가 나중에 다시 끼울 것인가 하는 등의 소심한 갈등이었다. (2006. 6. 19)

672. 작은 배

"성도님들 늘었어요? 어려우시면 예전처럼 한 달에 한 번쯤 땅을 사세요. 그러면 내가 다 팔아주잖아요? 그렇게라도 해야지 돈을 어떻게 감당할 작정이세요?"

"안 그래도 그렇게 하려고 해요. 교회가 정착될 때까지."

예전에 알고 지내던 중개인과 통화한 내용이다. 사실 임대료와 인건비, 생활비, 관리비, 할부금과 이자 등을 모두 합치면 아직도 매달 5백만 원 이상이 들어갔다. 이번 달에는 엘지카드로 600만 원을 빌려 겨우 충당했다. 카드빚이 다시 눈덩이처럼 쌓여갔다. 수입이 없으니 나도 답답했다.

주님께 모든 것을 맡겼지만, 눈앞에 보이는 빚 앞에 다시 무릎을 꿇었다. 인터넷으로 공매 물건을 찾아 3건의 입찰서를 제출했다. 그리고 보증금을 납부하려고 현금서비스를 신청했더니, 느닷없이 컴퓨터가 다운되어 처음 화면으로 돌아갔다.

언뜻 주님의 뜻으로 생각되었지만, 자비 목회의 유혹에 다시 시도했다. 그런데 또 다운되었다. 몇 차례 시도했으나 역시 마찬가지였다. 그때 여전도사가 내려오라고 하여 3층으로 내려갔다. 그래서 결국은 보증금을 납부하지 못하고 끝났다.

간식이라고 빵을 주었으나 딱딱하여 맛이 없었다. 그런 빵은 생전 처음이었다. 그때 눈이 아파 문지르기 시작했더니, 눈곱이 생기고 충혈이 되었다. 약국에 갔더니 결막염이라고 안약을 주었다. 그리고 잠을 충분히 자라고 했다.

11시에 잠자리에 들었다가 12시가 조금 지나 일어났다. 피곤하여 다시 눈을 붙였다가 꿈을 꾸었다.

바다에서 작은 배로 항해하고 있었다. 그런데 그 배의 선장을 보니 바로 나 자신이었다. 그때 한 젊은 여인이 죽음을 무릅쓰고 내게 다가왔다.

그 여인의 옷을 보니 이제까지 보지 못한 독특한 복장이었다. 속옷은 깨끗이 챙겨 입었으나 겉옷은 수의나 소복 같았다. 그리고 속옷과 겉옷 사이에 또 다른 옷을 입고 있었다. 자세히 보니 얇은 비닐로 만든 옷이었다.

"아니, 속옷과 겉옷 사이에 비닐 옷은 왜 입었단 말이요?"

"죽은 사람의 피가 산 사람에게 옮겨 묻으면 안 되잖아요."

"음, 그래요. 죽을 사람이 대단히 깊은 생각을 하였군요."

"10명 이상이 이 흉흉한 물에 빠져죽을 처지이니, 어찌 준비하지 않을 수 있겠어요?"

그러면서 나에게 토시를 건네주었다. 옆에 있던 그 자매의 어린 아들에게도 주었다. 또 시체를 수습하기 위해 옆에서 대기하고 있는 일꾼들에게도 주었다.

그리고 음식 만들 때 사용하는 얇은 비닐장갑도 나눠주었다. 수건과 다른 물건도 주었다. 모두 시체를 운구하거나 매장할 때 사용되는 물품이었다.

그때 무슨 소송을 위한 서류들이 보였다. 그 양이 1,500매 이상 2,000매 가까이 되었다. 500매로 나눠서 3권이나 4권으로 묶어야 할 듯했다. 그러다가 3시가 되어 꿈에서 깨어났다.

새벽예배를 드리고 엎드려 기도하다가, 성령님의 힘으로 간절히 회개하게 되었다.

"오, 주여! 어린 아들을 배에 남겨두고 물에 빠져 죽어가는 여인을, 제가 어찌 보고만 있을 수 있겠습니까? 제가 잘못 생각했습니다. 운영비 걱정 때문에 목회를 소홀히 할 뻔했습니다. 저를 용서하여 주소서.

자비 목회도 필요하지만, 이제 저는 더 이상 공매를 보지 않겠습니다. 아예 공매 사이트를 지워버리겠습니다. 이것으로 소호사업을 마무리하겠습니다. 이 종이 11명이나 되는 우리 축제의 장, 광명교회 성도들을 물에 빠져 죽게 할 수는 없습니다.

그리고 새벽예배, 주일예배, 찬양예배, 성경공부, 수요예배, 심야기도회 등의 예배와 기도에 몰두하겠습니다. 또 전도지와 팸플릿, 예수 이야기 편찬 등 말씀 연구와 문서 선교에 전념하겠습니다.

오, 주여! 이제 우리를 도와주소서. 어린 아들을 둔 여인과 10여 명의 승객이 물에 빠져 죽는 일이 없도록, 이 작은 배를 지켜주소서." (2006. 6. 20)

673. 여사무원

여사무원이 나를 못마땅하게 여기며 수시로 눈을 부릅뜨고 무엇이라 나무라곤 했다. 그러나 나는 그 자매의 요구를 들어주며 꾹 참고 지냈다.

그러던 어느 날, 온장 용지를 떼어 치우려고 살펴보니, 마침 서류함 위에 같은 종이를 쌓아둔 것이 보였다. 그래서 그 위에 올려두려고 하였더니, 아니나 다를까 또 여사무원이 얼굴을 찡그리며 자기 책상 아래 갖다 두라고 손짓했다.

그래서 그 자매의 책상 아래를 보니 폐지들이 수북이 쌓여있었다. 보아하니 여사무원이 폐지를 모아 분류하는 듯했다. (2006. 6. 22)

674. 소중한 도구

새벽예배를 드리고 주보 작성과 설교 준비 등으로 바빴다. 아침에 눈을 붙이는 과정을 생략하였더니 점심 식사 후 피로가 몰려왔다. 의자에 기대 누웠다가 꿈을 꾸었다.

'소중한 도구'라는 사람이 있었다. 그는 시내버스 기사로 오랫동안 일하다가, 장애인 복지관에 취직하여 교회에 나가게 되었다.

그런데 내가 그의 명의를 도용하여 은행에서 신용 대출로 500만 원을 빌려 썼다. 그리고 얼마 후, 우연히 그가 운전하는 버스를 타게 되었다. 꼬불꼬불한 산길을 요리조리 내려가면서, 웅덩이와 개울을 건너는 등 쉽지 않은 운전을 했다.

그때 내가 그의 명의로 돈을 빌린 사실을 얘기했더니, 무척 난감해했다. 그 모습을 보고, 내가 왜 그렇게 하였는지 크게 후회되었다. (2006. 6. 23)

675. 앙코르

저리던 다리도 안정을 되찾고, 눈병도 가라앉은 듯했다. 참으로 다행이었다. 주일 설교를 준비하다가 10시경 자리에 들었다. 열대야 때문에 몇 차례 깨어났지만, 선풍기를 다시 돌린 것 외에는 비교적 단잠을 잤다.

꿈을 꾸고 3시에 일어나 그 내용을 메모하며 하루를 시작했다. 매주 빡빡한 일정에 매여 있었다. 쉴 새 없이 돌아가는 시간 앞에 세월만 낚았다.

그러다가 약간의 짬이 생겨 화장실을 청소했다. 변기 속과 그 주변을 깨끗이 씻었더니, 변기를 제외하고 안방처럼 느껴졌다. 물을 내리자 마치 개울물 소리처럼 느껴졌다. 그때 불현듯 생각이 떠올랐다.

"그래, 나도 뭔가 할 수 있다!"

그러자 자신감이 솟구쳐 올랐다. 평소 잘 부르지 않던 찬송이 내 입에서 저절로 나와 부르기 시작했다.

평생에 듣던 말씀, 평생에 듣던 말씀,

주 예수 크신 사랑 또 들려주시오. …

그러면서 밖으로 나갔더니, '친히 달성'이라는 사람이 손을 들어 "앙코르!" 하고 소리치며 건넛집에서 걸어 나오는 모습이 보였다. 그는 상당한 부자였고 아버지의 연배였다. 그때 나는 기다렸다는 듯이 말했다.

"이제는 예수 믿으셔야죠?" (2006. 6. 25. 주일)

676. 콘크리트 구멍

새벽예배를 마치고 강단에서 내려와 기도하다가 환상을 보았다.

우리 교회당 주변으로 보이는 골목길에 칙칙한 하수구가 있었다. 생활 쓰레기와 음식물 찌꺼기 등이 가득했다. 파리가 날아다니고, 벌레가 우글거리며, 지독한 냄새가 났다. 자세히 보니 하수구가 막혀 물이 잘 빠지지 않았다.

그때 신비로운 손길이 하수구의 오물을 제거하자 고여 있던 썩은 물이 쫙 빠져나갔다. 그리고 바닥이 마르면서 뽀송뽀송해졌다. 축축하던 바닥이 바싹 마르자 파리와 벌레가 사라지고 냄새도 없어졌다.

그리고 옆에 쌓인 쓰레기마저 치워지더니 주변이 깨끗했다. 그런데 콘크리트 바닥에 작은 구멍 2개가 뚫려 있었다.

"아니, 저 구멍! 저 구멍을 막아야 하는데 …"

그 순간 나는 전에 보았던 환상이 머리에 떠올라 소스라치게 놀랐다. 그러니까 어느 강의 뚫린 구멍으로 주변의 모든 강물이 빨려 들려갔다. 그후 나는 실제로 혹독한 어려움을 겪었다. 그래서 길 가운데 뚫린 콘크리트 구멍을 보고 크게 놀랐던 것이다.

그런데 묽은 시멘트인지 무슨 접착제인지 알 수는 없었으나, 그것으로 구멍이 메워지는 모습이 보였다. 그리고 벌이 벌집을 밀로 덮듯이 그렇게 동그랗게 덮어 씌워졌다. 그제야 모든 것이 마무리된 듯했다. (2006. 6. 26)

677. 믿음의 용사

새벽기도 중에 뇌리를 스치는 그림 같은 장면이 있었다. 넓은 황토 언덕에서 믿음의 용사들이 훈련을 받는 모습이었다.

"그래, 저들이 훈련만 받으면 무슨 변화가 있을 거야! 그리고 모든 것이 다 잘 될 거야!"

그런데 훈련을 받던 사람들이 하나씩 둘씩 흐느적거리기 시작하더니, 급기야 모든 사람이 비실비실하며 쓰러지려고 했다.

"아니, 대체 어찌 된 일이야?"

그때 그들이 모래 속으로 빨려 들어가더니, 다시 나올 기미가 없었다.

"아니, 세상에! 저들이 모두 저렇게 죽고 마는가?"

그리고 안타깝게 바라보았더니, 그곳에 쌓인 모래가 봄날에 눈 녹듯이 사라지고 있었다. 그러자 마치 보성 차밭과 같은, 푸른 관목으로 쭉 이어진 사래 긴 밭이 나타났다.

자세히 모르긴 하여도, 모래 속으로 들어간 사람들은 그 밭의 일꾼들로 짐작되었다. (2006. 6. 27)

678. 강단 애곡

기도하면서 보니, '권세 능력'과 '아름다운 성경'이 검은 상복을 입고 슬피 울었다. 마치 하나님께서 돌아가시기라도 한 듯이 분위기가 착 가라앉고 착잡했다.

그때 강단 위에는 내가 설교하는 강대상과 성찬상, 지휘대가 나란히 놓여있었다. 그들은 내가 항상 앉아 기도하는 그 자리에 엎드려 애곡했다. (2006. 6. 29)

679. 상주

지난 며칠 동안 보인 환상으로 인해 고민에 휩싸여 있었다. 그런데 오늘 또 그와 비슷한 환상이 보였다.

상여가 지나가고 있어 유심히 지켜보았다. 그동안 보이지 않던 상주(喪主)가 느닷없이 나타나 허겁지겁 앞으로 나왔다. 그런데 굵은 베옷을 입고 허둥대던 그 상주가, 바로 나 자신이었다. (2006. 6. 30)

680. 기다림

오시기로 되어있는 분이 시간이 지나도 오지 않아 초조하게 기다렸다. 그때 그분은 제자들과 함께 어느 아파트 단지에서 전도하고 있었다. 가가호호 방문하여 전도지를 건네주며, 한 집도 빠짐없이 일일이 체크하고 복음을 전했다.

눈이 빠지게 기다리는 사람이 있다는 사실을 아는지 모르는지, 그분은 그저 전도에만 전념했다. (2006. 7. 1)

681. 3가지 환상

2시에 일어나 심야기도를 드렸다. 2006년 후반기 사역을 위해 간절히 기도했다. 그때 아직 종결되지 않은 부동산 문제로 상당히 애를 먹었다.

새벽예배를 드리고 따로 기도했다. 6시쯤 되어 3가지 환상이 순간적으로 보이며 지나갔다.

첫째는 내가 차를 타고 어디를 가려고 할 때였다. 여전도사가 무엇인가 과제물을 들고 옆자리에 타는 모습이 보였다.

"나와 함께 가려는 거요?"

하지만 아무 대답이 없었다. 그때 우리는 무엇을 어떻게 해야 할지, 서로가 어느 정도 아는 듯했다.

둘째는 내가 강단에서 설교하고 있을 때였다. 신발장 옆 통로까지, 발 디딜 틈도 없이 많은 인파가 모여 있었다. 그들 가운데 일부는 손을 들고 소리치며 환호했다.

그런데 셋째 환상은 아무리 생각해도 기억나지 않았다. 그러다가 조 목사님의 설교를 듣다가 갑자기 생각이 떠올랐다.

어느 곳에 높은 산이 있었다. 산꼭대기에 눈이 쌓인 듯 환하게 빛이 났고, 아래쪽에 푸른 나무들이 숲을 이루고 있었다. 하지만 산 중턱은 구름에 가려 잘 보이지 않았다.

마치 한 폭의 동양화나 병풍 속의 그림을 보는 듯했다. 그런데 구름 위로 드러난 산이 지상의 산인지, 하늘의 산인지 분간이 되지 않았다. (2006. 7. 2. 주일)

682. 노인 복지

수원 교회에서 실시한 이틀간의 노인복지 세미나에 참석했다. 선한 뜻으로 받아들였으나 인위적 방법으로 교회를 성장시키려는 의도가 있어 찜찜했다. (2006. 7. 3)

683. 어찌해야

웬일인지 통 잠을 이룰 수 없었다. 이리저리 뒤척이다 1시에 잠깐 잠이 들었으나 다시 깨어났다. 그리고 다시 잠이 오지 않아 교회당으로 내려가 기도하기 시작했다.

그런데 이상하리만큼 한 기도밖에 나오지 않았다. 새벽기도가 끝나는 6시까지 계속 이어졌다.

"오, 주여! 하나님의 영광을 드러내기 원합니다. 이제 어찌해야 합니까?"

(2006. 7. 6)

684. 책을 먹어라

어제에 이어 오늘도 역시 잠을 이루지 못하고 있었다. 1시에 일어나 머리 감고 책상머리에 앉았다. 잠시 본 환상을 적고 본당으로 내려가기 위해서였다.

늘 쫓기며 분주하게 살아가는 어느 날 이른 새벽이었다. 그러니까 바로 오늘 이 시간과 비슷한 때였다. 화장실에서 세수하고 머리를 감은 후 수건으로 머리를 털었다.

그때 지난날 내 상관이던 '거룩한 현자'가 제복에 별을 달고 나타나 이렇게 인사했다.

"별로 기대하지 않았으나 윗분의 은총으로 이렇게 별을 달게 되었습니다. 먼저 하나님께 감사드리고, 여러분에게도 감사를 표합니다."

그리고 나는 내가 근무하는 곳이 아닌 다른 사무실에서, 여러 사람과 더불어 그와 악수를 했다. 그리고 돌아서 보니, 그가 어느새 별을 두 개 달고 나타나 다시 인사하였다.

"생각지 않았으나 윗분의 은총으로 이렇게 별을 두 개 달게 되었습니다. 먼저 하나님께 감사드리고, 여러분에게도 감사를 표합니다. 하지만 내 승진은 이것이 마지막임을 압니다. 주어진 사명에 충실하겠습니다."

그리고 잠에서 깨어났다. 무슨 좋은 일이 있을 것이라 여기며 예배당으로 내려가 기도했다. 하지만 오늘도 역시 한 기도에만 집착하여 밤을 지새

우고 말았다.

"하나님 아버지시여, 이제 어찌해야 합니까? 제가 어떻게 해야 하나님의 영광을 드러낼 수 있습니까?"

그때 하나님께서 말씀하셨다.

"내가 내 권세를 너에게 준다. 이제 일어나라! 내가 너를 보내니 두려워하지 마라! 무서워하지 마라! 내 말을 고하라! 내가 너에게 주는 이 작은 책을 먹어라!"

그리고 이날 생각지 않은 메시지 한 통이 왔다.

"하늘이 우리 사이를 갈라놓지 않는 한, 이생 다할 때까지, 오직 예수, 주님의 뜻이라면, 죽도록 충성하며 목사님만 따를게요. 염려하지 마세요. 두려워하지 마세요. 우리에겐 가장 든든한 백이 있잖아요. 늦은 만큼 크게 쓰임 받습니다. 우리 교회 큰 비전이 있습니다." (2006. 7. 7)

685. 새 교회

오늘 밤도 잠을 제대로 이룰 수 없었다. 심야기도를 마치고 차량을 운행한 후 돌아와 샤워하고 나니 자정이 넘었다. 자리에 누웠으나 사방에서 내 영혼을 짓누르는 그 무엇이 있었다.

나름대로 연조를 쌓아가는 나날들, 하지만 어느 것이 진짜이고 어느 것이 가짜인지 분별할 수 없었다. 내 속에서 나를 압박하는 잡동사니가 20분 이상 나를 괴롭혔다.

그렇게 씨름하다가 예배당으로 내려가 2시부터 기도하게 되었다. 그러나 기도는 역시 하나뿐이었다.

"오, 아버지 하나님이시여! 이제 제가 어찌해야 합니까? 어떻게 해야 교회를 바로 세울 수 있습니까?"

비몽사몽 중에 기도하다가 보니 3시가 넘었다. 주님이 주시는 평화가 찾아왔다. 우후죽순같이 순식간에 자라나 나름대로 이어가던 교회는 사라지고, 새 교회가 세워지는 모습이 보였다.

그리고 그동안의 헌금으로 보이는 120만 원도 수납되는 것이 보였다. 그러자 잠을 못 이루던 문제가 해결된 듯했다. 기도를 마치고 4층 숙소로 올라갔다.

오랜만에 단잠을 자게 되었다. 축제의 장, 광명교회가 하나로 통일되고, 지역사회 속에서 프로그램이 수립되는 모습도 보였다.

사역자들의 도움으로 정립된 10가지 프로그램 안에 땅과 건물 등 부동산도 포함되어 있었다. 하지만 그 10가지 프로그램 안에 헌금은 빠져 있었다.

토요일이라 전도사들과 함께 비지땀을 흘리며 교회당 안팎을 청소했다. 그리고 시장에 가서 내일 점심을 위한 부식을 사 돌아오니 10시가 넘었다.

이런 일련의 일들이 과연 하나님의 뜻인지 대해 다시 한 번 생각에 젖었다가 잠이 들었다. (2006. 7. 8)

686. 거인

2시가 덜 되어 일어났다가 다시 자리에 누웠다. 그 순간 눈앞에 철갑을 입은 거인이 나타났다.

"할렐루야!"

하면서 자리를 박차고 일어나 예배당으로 내려갔다. 기도하다가 말씀이 사모되어 성경을 펼쳤더니, 역대하 10장 15절이 보였다. 주께서 친히 하시는 말씀으로 다가왔다.

'이 일은 하나님께로 말미암아 난 것이라.' (2006. 7. 9. 주일)

687. 몹쓸 병

하나님께서 사람의 씨와 짐승의 씨를 이스라엘과 유다 집에 뿌릴 것이라는 예레미야 31장 27절 말씀이 보였다.

평생 우리 교회를 섬기겠다는 전도사가 갑자기 마음을 바꾸더니, 그 방해가 이만저만이 아니었다. 몇몇 교인들을 악의 축으로 보고 내게 영을 분별하라고 다그쳤다. 그러다가 하나씩 둘씩 교회에 나오지 못하게 했다.

전에 시무하던 부목사의 딸이 그 남편과 함께 은혜로운 찬양을 드려 감사하다고 했더니, 내가 그 자매를 편애한다고 하면서 몰아붙였다. 오해라고 해명을 하였으나 자신은 모른다고 하면서 막무가내로 질투를 부렸다.

내가 어쩌다 이렇게까지 되었는지, 목사로서 권위는 찾아볼 수가 없고, 리더십도 사라진 지 이미 오래된 듯했다. 나중에 알고 보니, 그들은 모두 몹쓸 병을 앓고 있었다. 나도 부족하기는 마찬가지였다.

"선으로 인도하시는 주님의 뜻을 바라보면서 그 뜻대로 살아왔습니다. 앞으로도 그렇게 살아가기 위해 힘쓰고 있습니다. 축제의 장, 광명교회에 큰 비전을 갖고 기도 중이니, 사탄이 방해하는 건 당연합니다.

지금은 서로 맞지 않아 힘들지만, 쉽게 주면 기도하지 않을 것 같아 우리의 마음을 아프게 만듦으로써, 무릎을 꿇고 눈물의 기도를 드리게 하신다고 믿습니다.

먼 훗날 이런 얘기하고 웃을 날이 있을 거예요. 쉽게 말해서 죄짓지 맙시다. 지금은 서로 얘기하면 할수록 죄가 도사리고 있다가 튀어나오고, 사탄이 그 자리에 초청하니 묵묵한 기도만이 살길이고 승리의 길이라고 봅니다." (2006. 7. 10)

688. 나그네

캄캄한 밤길이었다. 얼마쯤 앞에 한 자매가 주변을 두리번거리며 걸어가고 있었다. 그 모습이 사랑하는 가족과 헤어지고 홀몸이 되어, 어디론가 정처 없이 떠나는 여인처럼 보였다. 외롭고 쓸쓸한 나그네, 그 자매가 한없이 가엾게 보여 기도했다.

"오 하나님, 혹시 저 자매가 외톨이고, 사욕이 없으며, 믿음의 심지가 견고하다면, 제 동반자가 될 수 있을까요?"

그때 뒤틀리고 뱅글뱅글 꼬인 소나무 한 그루가 보였다. 그런데 갑자기 키도 자라고 몸도 커지더니, 굽은 몸통이 바로 잡아지고, 뒤틀린 근육질이 펴지며, 온몸이 튼튼하고 강하게 되었다.

어느 부엌에 음식이 잘 차려진 식탁이 있어 자리를 잡고 앉았다. 그런데 주변에는 아무도 보이지 않았다.

한 밭에서 여종이 고추를 따고 있었다. 나는 옆에서 지켜보았다. 고추 중에서 작지만 딴딴하고 통통하게 영근 노란 고추가 있었다.

그때 여종이 다가오더니 다짜고짜 그 고추를 따서 챙겼다. 여종의 바구니에 담긴 고추를 보니, 길이는 길었으나 모두가 약하고 연한 풋고추였다. (2006. 7. 11)

689. 부드러운 가시

선반 위에 물이 가득 채워진 글라스가 보였다. 거기서 희고 다양한 꽃이 피기 시작하더니, 1단과 2단, 3단의 풍성한 꽃꽂이가 되었다.

그 옆에 소주잔처럼 보이는 작은 컵도 하나 있었다. 그 잔 속에 손가락만 한 무엇이 들어가더니, 가시가 돋아나면서 밤송이처럼 되었다. 그런데 자세히 보니, 무슨 촉감을 위해 만들어진 부드러운 가시였다. (2006. 7. 12)

690. 산초 가시

강대상이 산초나무로 둘러싸여 있었다. 꽃과 가시가 함께 뒤엉겨 있었다. 송알송알 작은 물방울처럼 연한 녹색 꽃으로 뒤덮인 강대상을 보니, 금방이라도 위에서 눈이 쏟아져 내릴 듯했다.

그런데 나뭇가지에 빼곡히 돋아난 가시를 보니, 예수님께서 쓰셨던 가시관이 연상되어 고통스러웠다. 그래서 기도했다.

"오, 주여! 이 가시를 제하여 주소서."

상추 같으나 아닌 것이 확실하고, 도라지 같으나 아닌 것이 확실하며, 옥수수 같으나 아닌 것이 확실한, 무슨 식물 두 포기가 소록소록 자라는 모습이 보였다.

자정이 조금 지나 일어났다. 새벽예배를 드리고 피곤하여 책상 위에 엎드렸더니, 여우 눈 같기도 하고 고양이 눈 같기도 한, 날카로운 눈빛이 교회당 건물 지하실에서 번뜩이고 있었다. (2006. 7. 14)

691. 여호와의 산

어제 심야기도회를 마치고 책을 보다가 자정이 지나 자리에 들었다.

어느 비탈진 산길을 걸어가고 있었다. 경사가 점점 더 심해졌다. 도저히 더 이상 나아갈 수 없었다. 결국은 낭떠러지 아래로 뛰어내렸다.

그리고 위를 쳐다보니, 좁은 비탈길에 가까스로 세워져 있던 테이블도 더 이상 버티지 못하고 아래로 떨어지는 모습이 보였다.

그때 땅도 아래위로 심하게 요동을 치며 들먹거리더니 급기야 폭삭 주저앉았다. 거기 있던 몇 사람이 순식간에 생매장되었다.

그리고 땅속에서 탱크처럼 생긴 중장비 2대가 나오더니 나를 향해 다가왔다. 너무 무서워 땅굴 속으로 피하려고 했다.

그런데 그 땅굴 속에서도 중장비가 나오고 있었다. 사방에서 나를 갈아 뭉개려고 달려들었다. 이리저리 정신없이 피하다가 잠에서 깨어났다. 시간을 보니 1시 40분이었다.

두렵고 떨렸지만, 너무 피곤하여 다시 자려고 했다. 그리고 보니 오늘이 전도사의 70일 목적 기도가 끝나는 날이라는 사실을 알았다. 그래서 일어나 본당으로 내려갔다.

기도하려고 강단에 엎드렸으나 피곤하여 잠이 쏟아졌다. 비몽사몽 중에 지난번 본 환상이 생각나 기도하였다.

"주님, 일찍이 10여 명의 농군들이 정예병이 되어 다가오는 모습을 보았습니다. 또 산과 들과 거리에서 남녀노소 막론하고 인산인해를 이루며 몰려오는 모습도 보았습니다.

그것이 무슨 뜻인지요? 우리 교회가 그렇게 부흥한다는 말인가요? 오, 주여! 주님이 세워주신 이 축제의 장, 광명교회를 기억하소서. 이제 4개월이 되었습니다. 주님이 인도하여 주소서."

그러자 시편 24편 3절과 4절의 말씀이 보였다.

'누가 여호와의 산에 오를 수 있으며, 누가 그 거룩한 곳에 설 수 있는가? 깨끗한 손과 순수한 마음을 가진 자, 헛된 우상을 숭배하지 않고 거짓으로 맹세하지 않는 사람이다.'

그때 주님이 나의 행실을 보고 책망하시는 듯했다. 어쩔 바를 몰랐다.

그리고 이어진 환상에서 보니, 함께 사역하던 전도사가 명단에서 빠지고 없었다. 하지만 여전히 내 옆에 있었다. 그런데도 아무렇지 않은 듯했다.

(2006. 7. 15)

692. 흰옷 입은 분

오전 9시에 본당으로 내려가 연주기로 멜로디를 틀어놓고 기도하기 시작했다. 돌아보니 10여 명의 어른만 주일예배를 드리는 현실이 안타깝다는 생각이 들었다.

그때 작은 교회들이 더욱 어려울 수도 있다는 생각이 들었다. 아울러 개척교회 목회자들도 심각한 어려움을 겪을 것으로 보였다.

"오, 내 주여, 이 축제의 장, 광명교회를 주님이 인도하여 주소서. 주님이 주관하여 주소서."

그리고 주님의 이름을 부르며 기도하기 시작했다. 10시가 되자 인기척이 났다. 전도사들과 반주자가 도착했다. 10시 반부터 시작되는 찬양을 위해 30분 전에 미리 왔던 것이다.

그러나 나는 갈급한 심령으로 계속 기도했다. 불과 몇 초 사이로 짐작되는 짧은 시간에, 무아지경 같기도 하고 비몽사몽 같기도 한 상태에서, 강단을 바라보니 흰옷 입은 분이 서 있었다.

그때 나는 내 혼자가 아니라는 사실을 깨달았다. 여기까지 인도하신 주님께서 축제의 장, 광명교회와 함께하신다는 사실을 알았다. (2006. 7. 16. 주일)

693. 설교 원고

새벽기도를 드리고 3박 4일간의 일정으로 하기휴가를 떠났다. 외도를 가려고 했으나 풍랑으로 배가 운행되지 않았다. 목포에서 하룻밤 자고 홍도로 가서 일박했다. 그리고 다시 목포로 나와 일박하고 돌아왔다.

전도사가 이상한 기도 제목을 제시했다. 그래서 나는 그 어떤 계시나 환상을 주실지라도, 말씀에 어긋나는 기도는 할 수 없다고 했다.

기도할 때 설교 원고가 보였다. 첫째 소제목이 '위선을 청산하라!'였고, 둘째 소제목이 '사랑을 실천하라!'였다. 그러고 보니 나를 향한 말씀으로 보였다. (2006. 7. 17)

694. 불쌍한 아이

성령님의 강권적 지시로 40일간의 목적 기도를 작정했다. 전도사가 70일간 목적 기도를 2시부터 6시까지 드렸던 것처럼, 그 기도가 끝남과 동시에 내가 2시부터 새벽기도가 끝나는 6시까지 이어가기로 했다. 그렇게 하루 4시간씩 40일간 160시간을 기도하기로 했다.

그러고 보니 40일 목적 기도를 4회에 걸쳐 160일간 했던 작년의 경우가 생각났다. 그 후 생각지 않은 안수와 개척이 이어졌지 않은가? 그렇다면 이번에도 무엇인가 하나님께서 뜻하신 바가 있을 것으로 보였다.

매너리즘에 빠져 억지로 일하는 척하는 사역자들을 나무라자 투덜대며 떠나는 모습이 보였다. 그리고 이것저것 치울 것은 치우고, 전깃불을 끄고, 문을 열고 나오면서 보니, 바로 이어진 마루방에 우리 8식구가 자리를 깔고 막 자려고 했다. 아버지와 나, 일찍이 요절한 동생, 그리고 '생각의 아들'과 그 어머니, 누나가 가지런히 누워있었다.

그런데 '꿀벌'은 어릴 때 모습 그대로 자신의 베개를 들고 서성거렸다. 누울 만한 공간이 없었기 때문이다. 그때 누군가 소리쳤다.

"꿀벌의 유치원은 옛날 변소야!"

그때까지 어머니는 무엇인가 열심히 일하다가 돌아와 이런 말을 했다.

"예레미야가 이르기를, 어느 집에 가서 한 아이를 목욕시키라고 했다. 그래서 그 말대로 가서 그대로 하였다. 그 아이는 어느 돈 많은 부자가 버린 불쌍한 아이였다. 그런데 그 이야기를 네 아버지께 하였더니, '그러면 그 아이를 데려다가 키우지그래.' 라고 하셨다."

그런데 어딘가 모르게, 그 '불쌍한 아이'가 나 자신으로 느껴졌다. (2006. 7. 21)

695. 목적 기도

성령님이 나를 강하게 감동하셨다. 그래서 40일간의 목적 기도가 끝날 때까지 근신하기로 했다. 그러자 전도사가 2시까지 쓸데없는 메시지를 보내는 등 어렵게 했다. (2006. 7. 22)

696. 방해 세력

새벽기도를 마치자 전도사가 4층 숙소까지 따라왔다. 40일간의 목적 기도가 끝날 때까지 조용히 하나님의 뜻을 기다리자고 했다. 그때 미리 준비한 쪽지를 두고 갔다.

"열심히 헌신하기를 원했지만, 목사님의 복이 여기까지인가 봅니다. 기쁨과 감사로 일하려는 자를 무시하고 억지로 하는 자를 세웠으니, 그 전도사 오라고 해서 일하게 하세요. 난 전도와 심방만 하겠습니다. 내가 시키면 나 때문에 나간다는 소리를 할 것 같아 그렇게 하지 않겠습니다. 직접 지금 오라고 하세요. 일할 것 많습니다. 나를 사악하게 만든 건 목사님입니다. 지금 이건 내 모습이 아니에요. 왜 날 이렇게 힘들고 악하게 만드십니까? 영적 분별만이 해결책입니다. 하나님 아버지는 내 마음을 다 알고 계십니다. 목사님을 훌륭한 목회자로 만들려고 했습니다."

그때 전도사는 다른 여전도사를 찾아가 다른 곳을 알아보라고 하면서 나오지 못하게 했다. 목적 기도를 방해하는 세력이 바로 교회 안에 있었다. 사역자가 정말 필요악으로 느껴졌다. 하나님 앞에서 나도 예외가 아니라고 여겨졌다.

교회당 옆으로 비탈진 길이 보였다. 교회당 외벽으로 위에서 아래까지, 넓은 광목 빨래 서너 폭이 이중으로 널려 있었다. 하수구가 다소 깨어진 흔적이 있었지만, 그런대로 시원하게 뚫린 구멍으로 맑은 물이 내려가는 것도 보였다.

내 숙소 아래쪽에, 지하철 입구를 표시하는 입간판이 세워진 것도 보였다. 그 위에 '창원'이라는 글이 씌어있었으나, 그것이 무엇을 의미하는지 몰랐다. (2006. 7. 23. 주일)

697. 불길한 예감

갈급한 심정으로 철야기도를 시작했다. 그때 말씀이 다가왔다.

'사람이 자기 죄로 벌을 받고 어떻게 원망할 수 있겠는가? 우리 행위를 살피고 조사하여 여호와께 돌아가자.' (예레미야애가 3. 39-40)

오전 9시에 다시 본당으로 내려가 2시간 남짓 기도하고, 4층으로 올라와 자리에 누웠더니 환상이 보였다.

전도사가 집에 가야 한다고 했다. 그래서 얼른 가서 일을 보라고 하였더니, 그게 아니라 손을 씻고 다시 오겠다고 했다. 그게 무슨 뜻인지 몰랐다.

그런데 잠시 후 실제로 전도사의 전화가 왔다. 해야 할 이야기가 있어 예배당에 딸과 함께 와 있으니 내려오라고 했다.

그때 얘긴즉슨, 간밤에 남편이 술을 마시고 돌아와 집을 나가라고 했다는 것이다. 밤새도록 같은 말을 반복하고, 그것도 부족해서 아침부터 술을 마시고 와서 또 그러니…. 이제 어쩔 수 없이 기도원에 간다고 하면서 나왔다고 했다.

그러면서 이번에는 예전과 다르다고 했다. 그동안 심심찮게 그런 일이 있었음을 내비쳤다. 그리고 앞으로 술만 마시면 교회에 와서 행패를 부릴지 모르니 교회를 옮겨야 한다고 했다.

그리고 어느 정도 예상은 하고 있었으나 일이 너무 빨리 왔다고 하면서 한숨을 쉬었다. 그때 그가 술을 마시고 신학교에 가서 행패를 부렸다는, 언젠가 들은 얘기가 생각났다.

그러나 나는 그런 일까지도 하나님께서 합력하여 선을 이루실 것이라는 믿음이 있어 크게 걱정하지 않았다. 하지만 한편으로 불길한 예감만은 피할 수 없었다. (2006. 7. 24)

698. 갈급한 심령

10시경 잠자리에 들었으나 알람도 듣지 못하고 3시가 넘어 일어나게 되었다. 게다가 무섭고 이상한 꿈도 꾸었다.

집 전체의 반 이상을 차지하는 큰 방에서 홀로 자고 있었다. 그 방은 네모반듯하고 넓었으나, 나머지 방은 뒤쪽과 옆쪽에 붙은 쪽방으로 어딘가 모르게 어색했다.

야심한 밤중이었다. 그때 나는 비몽사몽 중에 있다가, 자의 반 타의 반으로 누군가에 의해 끌려 나가게 되었다. 내 상반신이 문밖에 축 늘어져 있었다. 나도 모르게 소리쳤다.

"할배! 할배! 할배! …."

그러자 내 아이들의 할아버지, 곧 내 아버지가 사랑방 뒤쪽에 붙은 쪽방에서 자다가 나오는 모습이 보였다. 그리고 이렇게 말씀하셨다.

"아니, 이걸 어째? 죽음의 냄새가 나는구나!"

그러자 금방 집안 식구들이 다 일어나 웅성거리기 시작했다. 아버지도 어찌할 바를 몰라 이리 왔다 저리 갔다 하면서 허둥거렸다.

그런데 이상한 점은, 내게서 죽음의 냄새가 난다는 그 말이었다. 비록 내 상반신이 문밖으로 비스듬히 걸쳐져 있기는 하였으나, 마음만 먹으면 언제든지 다시 일어나 안으로 들어갈 수 있었기 때문이다.

그리고 또 이상한 것은, 그런 소동 중에서도 방에 불이 켜지지 않았다는 사실이다. 주변이 온통 캄캄하여 아무것도 보이지 않았다.

그리고 꿈에서 깨어났다. 부득이 4시부터 6시까지와 8시부터 10시까지 2번에 걸쳐 4시간을 채우며 기도했다. 40일간 160시간의 기도 서원을 지키기 위해서였다.

"내 아버지 하나님이시여, 이 종이 저도 모르게 죽음 직전에 와 있다는 말인가요? 그렇다면 영적인가요? 물질적인가요? 아니면 육신적인 건가요?

그렇습니다. 주님, 물질적이라면 정말 죽음 직전에 다시 온 듯합니다. 다음 달 12일 카드대금을 막을 길이 없습니다. 일 원 한 푼 없이 모든 빚을 갚아주시고 목회자의 길을 걷게 하셨던 주님, 교회를 개척하면서 갑자기 너무 많은 빚을 진 듯합니다.

사실 저는 교회 개척 후 1년 동안, 교회가 자리를 잡을 때까지 5,000만 원 정도의 빚은 불가피하다고 생각했습니다. 하지만 그 기간이 상당히 앞당겨졌습니다. 벌써 7,000만 원에 가까운 빚을 졌습니다.

당장 코앞에 다가온 카드대금을 생각하니 정말 아찔합니다. 그러고 보니 사역자들을 강권적으로 그만두게 하신 것도, 전도사 가족을 통해 교회 후임자를 구하라고 하신 것도, 모두 주님의 뜻으로 보입니다.

내 아버지 하나님이시여, 이제 갈급한 심령으로 다시 기도합니다. 주님께서 선히 여기시거든, 저에게 다시 한 번 기회를 주십시오. 오직 주님만이 저의 구원입니다. 저를 불쌍히 여겨주십시오." (2006. 7. 27)

여호와께서 이집트를 치시고 다시 고치실 것인바, 그들이 여호와께 돌아올 것이며, 여호와께서는 그들의 부르짖는 소리를 들으시고 그들을 회복시키실 것이다. (이사야 19. 22)

699. 붉은 물

연하고 묽은 피 같기도 하고, 붉은색을 묽게 탄 물 같기도 한 액체가 보였다. 그것이 연하고 붉은 속살 같은 곳을 비스듬히 스며들어가, 그 속에 숨은 듯하고 수축력 있는 구멍으로 흘러 들어갔다.

그때 나는 조급한 마음으로 그 붉은 액체가 속히 그치고, 맑고 깨끗한 물이 쭉쭉 흘러들어, 단번에 주변을 깨끗이 씻어주기를 잔뜩 기대하고 있었다.

그런데 이제나 끝날까 저제나 끝날까 하고 기다렸으나, 그 붉은 물은 쉼 없이 쉬엄쉬엄 흘러 구멍으로 빨려 들어갔다. 기대하던 맑은 물은 나오지 않았다.

그리고 나는 영육간의 사망이 내 목전에 와 있으며, 죽음이 문턱에 가까이 이르렀음을 느꼈다. 그런데 뜻밖의 기도에 나 자신도 놀랐다.

"오, 주여! 이 종의 죄를 천천히, 그러나 말갛게 씻겨주시니 감사합니다."

그러자 산 아래쪽에 잘 가꾸어진 무덤 하나가 보였다.

"앞으로 저 무덤이 걸림돌이 될 것 같구나!"

그렇게 생각하자 무덤이 서서히 산기슭으로 들어가더니, 급기야 무덤은 보이지 않고 그곳에 큰 구멍이 하나 생겼다.

"저 구멍을 무엇으로 메울까?"

하면서 주변을 살펴보았더니, 구멍 주변에 깨어진 폐석들이 수북이 쌓여 있었다. 그 순간 흙과 돌과 풀들이 뒤엉켜지면서 그 구멍으로 쓸려 들어갔다. 그리고 위쪽 산기슭이 비스듬히 깎이며 토사가 밀려 내려오더니, 이미 메워진 구멍을 포함하여 주변의 길까지 모두 덮어버렸다.

그때 나는 그것이 무슨 일인지 궁금하여 현장 사무실을 찾아가려고 했다. 그러자 한 종이 급구 말리며, 자기가 먼저 내려가 모든 것을 알아보겠다고 했다. 그래서 그렇게 하라고 하였다.

그리고 거기서 나오자 여종이 다가와 물수건으로 내 얼굴을 닦아주었다.

그리고 밥을 한 그릇 가지고 와서 보니, 차조가 섞인 오곡 현미밥이었다.

오늘 새벽 목적 기도가 끝날 즈음이었다. 이 환상의 내용이 기록된 메모지를 주머니에 넣으려고 할 바로 그때였다. 얼굴 없는 자가 나타나 그것을 가로채 가위로 자르려고 했다. 급히 빼앗아 눈을 떠보니 메모지가 그대로 있었다.

'순종 여인'이 그의 딸 '맑은 영'과 '꿀벌'을 심히 나무라기에 물어보니, 할 일은 제대로 하지 않고 컴퓨터만 한다고 했다. 그때 '순종 여인'이 임신을 하여 이상하게 생각했다. 그녀는 오래전부터 독신이었기 때문이다.

그리고 '꿀벌'이 무엇인가 무거운 짐을 옮기다가 떨어뜨리는 모습이 보였다. 그래서 일러주었다.

"섭리에 순응하며 하루하루 성실히 살아라." (2006. 7. 28)

700. 죄 짐 보따리

지난밤 심야기도회를 마치고 자리에 들었다. 아침까지 푹 자고 낮잠을 자지 않으려고 했다. 그러나 새벽 4시 반에 벌떡 일어나게 되었다.

그리고 즉시 샤워하고 내려가 강단에서 기도하기 시작했다. 여러모로 기도할 일이 많아 성령님이 강권적으로 이끄시는 듯했다.

9시에 차를 빼달라는 전화가 와서 기도를 마무리했다. 40일 160시간 기도를 앞당기시는 듯했다. 그 무엇인가 중요한 사안마다 기도를 시키시는 하나님께서 뜻하신 바가 있을 것으로 여겨졌다.

그리고 또 환상이 보였다. 주차장에 차를 세우고 내려가면서 보니, 전도사가 교회당 밖으로 나오고 있었다. 인도에서 좌우로 한두 번 두리번거리더니, 무엇인가 오른손에 들었던 것을 남모르게 길가에 버렸다. 그때 왼손에는 작고 연붉은 열매가 송알송알 맺힌 오디나무 가지가 들려 있었다.

이어서 강단에서 기도하려고 자리를 폈더니, 창밖에서 크레인으로 옮기던, 거의 한 아름이나 되는 철봉이 갑자기 내 앞에 뚝 떨어졌다. 바로 맞았으면 그대로 즉사할 뻔했지만, 다행히 나는 아무 상처도 입지 않았다. 잠시 크게 놀랐을 뿐이다.

그런데도 내가 뭐라고 했다는 이유로 크레인 기사가 다가와 시비를 걸었다. 그러나 나는 더 이상 대꾸하지 않고 무시해버렸다. 그러자 그가 힐끔힐끔 쳐다보며 돌아갔다.

그때 내가 다시 한 번 그 뒤를 향해 무엇인가 한마디 했더니, 그가 되돌아와 나에게 덤벼들어 내 왼쪽 어깨와 불알 한쪽을 잡고 늘어졌다. 그래서 나는 더 이상 기도하기 어렵다고 판단되어 앞에 있는 자료를 보자기에 싸서 묶었다.

그러자 그가 "그게 무엇이냐!"고 물었다. 그때 나는 비아냥거리면서 "이건 죄 짐 보따리야!"하고 대답했다. 그러자 그가 고개를 갸우뚱하며 의아해했다. 그 순간 나는 힘차게 팔을 뻗치며 소리쳤다.

"우리 주 예수 그리스도 이름으로 내가 명한다! 이 더러운 귀신아, 썩 물러가라!"

그때 나는 실제로 있는 힘을 다해 팔을 뻗치고 명령했다. (2006. 7. 29)

701. 애기 토마토

아직 채 익지 않은 애기 토마토와 미처 자라지 못한 어린 무가, 길바닥에

수북이 쌓여있어 안타까운 마음으로 유심히 지켜보았다. (2006. 7. 30. 주일)

702. 속옷

기도하면서 보니, 왼손에 내 속옷이 쥐어있어 부담스러웠다. 그때 여종이 오른쪽으로 다가왔다. 왼손에 쥐어있던 속옷을 오른손으로 여종에게 넘겨주었더니, 여종은 지극히 당연하다는 듯이 받아 옆에 있는 다른 사람에게 건네주었다.

그래서 나는 홀가분한 마음으로 기도할 수 있었다. (2006. 8. 1)

703. 문 지킴이

개척교회 후임자를 구한다는 소식을 듣고 전화가 여러 통 왔으나 가시적 결과가 없었다. 그러다가 신학을 마치고 처음으로 개척을 준비한다는 30대 후반의 젊은 목사 내외가 와서 둘러보고 기뻐하며 돌아갔다.

그리고 이튿날, 기도를 많이 하여 장래를 투시(透視)한다는 60대 권사님을 모시고 와서 다시 교회를 둘러보았다. 그리고 무슨 얘기를 들었는지 못내 아쉬워하며 그냥 돌아갔다. 그래서 안타까운 마음으로 기도하다가 다시 환상을 보았다.

'문 지킴이'라는 골키퍼가 선수들을 지휘하며 날아오는 공을 척척 받아내는 모습이 보였다. 그는 코치와 감독 겸 선수로 보였다.

주님이 내 사정을 보시고 긍휼히 여겨주신다면, 부담 많은 도시 교회를 후임자에게 인계하고, 부담 없는 조용한 시골 교회에서 작은 텃밭이나 가꾸며, 책이나 쓰고 어르신들 섬기는 일에만 전념하기로 마음먹었다. (2006. 8. 2)

704. 예수의 보혈

내가 속한 당이 의원 선거에서 참패하고 우왕좌왕하는 모습이 보였다. 그러다가 새 출발하려고 당국자들이 전열을 가다듬었다.

그때 나도 당의 지도자 가운데 하나로 생각되었다. 그래서 어느 정도 책임을 분담해야 한다는 생각이 들었다. 평소 정치에 무관심한 나로서는 의외였다.

하지만 주어진 책임은 다해야 한다는 생각이 들어 그들에게 나아갔다. 그때 사무처 책임자로 보이는 여성이 와서, 나와 다른 한 사람을 대통령 후보로 거론했다. 그 또한 의외였다.

당에 전혀 기반이 없는 내가, 그 큰일을 어찌 감당할 수 있겠는가 싶어 즉시 사양하겠다는 의사를 피력했다. 그런데 무슨 연유인지, 다른 후보자 또한 정중히 고사함으로써 내가 후보자로 기정사실화되는 듯했다. 그때 나는 나 자신이 한없이 대견하게 보였다. 기쁜 마음도 없지는 않았으나, 한편으로 큰 짐을 진 기분이었다.

여종이 '예수의 보혈'로 무엇인가 씻고 있다가 내 사정과 형편을 알기라도 한 듯, 어려운 문제를 그 '예수의 보혈'로 씻어주었다.

그러자 내 모든 문제가 일시에 깨끗함을 받았다는 느낌이 들었다. 대통령 후보로서 자신감도 느끼게 되었다. 정말 내가 보아도 기상천외한 일이었다. (2006. 8. 3)

705. 십자가 구원

몸서리치는 꿈을 꾸고 크게 소리를 지르며 일어나 보니, 자정을 코앞에 둔 11시 59분이었다.

친구와 함께 고향 신작로를 걸어가고 있었다. 그때 등 뒤에서 나를 부르는 어머니의 소리가 들려왔다.

"아들아 가지 마라! 가지 마라! 가지 마라! …"

그러나 나는 어머니의 말을 무시하고 발길을 돌리지 않았다. 그런데 불과 몇 발자국도 못 가서 이런 생각이 나를 휘어잡았다.

"혹시? 어린 '꿀벌'이 홀로 이 신작로를 걸어가다가 괴한에게 납치되어 죽임을 당한 게 아닌가? 벌써 한참 동안 소식이 없는 걸 보니, 어쩌면 정말 그럴 수도 있지 않을까?"

그 순간 나는 자리에서 벌떡 일어나게 되었다. 머리털이 쭈뼛쭈뼛하고 소름이 끼쳤다.

"내 생각을 사로잡은 이 더러운 귀신아! 내가 네게 명하는 것이 아니냐? 나사렛 예수 그리스도 이름으로 명한다. 썩 물러가라!"

크게 소리를 지르며 기도하다가 본당으로 내려가 강단에서도 계속 기도했다.

새벽녘에 또 환상이 보였다. 십자가 아래 손가락 한 마디만 한 홈이 파여 있었다. 그 홈 속에 예수님의 보혈로 보이는 붉은 피가 들어있었다. 그 옆으로 한 줄의 글도 있었다.

"1분만 똑바로 바라보면 구원을 얻을 것이다!"

그래서 십자가를 똑바로 쳐다보았다. 그동안 눈을 감고 있었던바, 눈이 부시고 초점이 흐려져 더 이상 바라볼 수 없었다.

그래서 한참 후에 다시 십자가를 바라보았다. 그때 가로목과 세로목이 포개지는 부분 바로 아래 왼편에, 오른쪽 위에서부터 왼쪽 아래로 비스듬히 그어진 점 3개가 보였다.

"아, 그래서 삼위일체로구나!"

하면서 다시 우측 위쪽을 보았더니, 또 다른 점 2개가 있어 마치 P 자처럼 보였다. 그리고 다시 십자가 안쪽에서 밖을 보니, P 자가 9자와 1자로 보였다.

"아, 그래서 구원이구나!"

새벽기도를 마치고 여종이 4층으로 올라오더니 특별한 일이 없으면 기도원에 다녀오자고 했다. 그러고 보니 나는 매월 초 기도원에 올라가 기도하는 습관이 있었다.

그러니까 작년 4월부터 지금까지 쭉 이어지고 있었다. 그래서 파주 기도원에 올라가 기도하고 저녁에 내려왔다. (2006. 8. 4)

706. 인삼과 무

열대야로 잠을 이루지 못하다가, 새벽녘에 이상한 꿈을 꾸었다. 똥통에 똥이 넘쳐 변소를 찾을 때마다 부담을 느꼈다. 그러다가 어느 날 보니 깨끗이 청소되어 있었다.

"내 똥통이 분명히 여기 있었는데."

하면서 찾아보니 3개의 똥통이 선반 위에 가지런히 얹혀 있었다. 그중에 내 것도 있었다. 내려서 보니 똥통 속까지 깨끗했다. 그런데 흙이 약간 담겨 있었다. 그래서 그것도 똥구덩이 속에 버렸다.

그리고 어르신 섬기는 프로그램을 준비하고 있었다. 한 인삼밭에서 인삼 몇 개를 골랐다. 손가락만 한 것이었다. 얼마 후 다시 인삼밭을 찾아 나머지 인삼을 살펴보았다. 대부분이 고만고만했다.

그런데 특이하게 큰 것이 2개 있었다. 그것을 취하고 돌아보니, 인삼밭에 무가 하나 있었다. 아이 팔뚝만큼 컸다. 그래서 그것도 취했다.

그 무는 잎도 무성하게 자라나 있었다. 하지만 위로 솟지 않고 옆으로 드러누워 있었다. 그래서 사람들의 눈에 쉽게 띄지 않았다.

그렇게 큰 인삼 2개와 큰 무 1개를 취하고 보니, 마침 옆에 화분이 하나 있었다. 그래서 거기 무를 심었다. 그리고 화분에 모래를 가득 채웠다.

(2006. 8. 5)

707. 교육 목회

연일 이어지는 폭염으로 옥탑방이 너무 뜨거웠다. 자정이 조금 지나 본당으로 내려가 기도하다가 잠시 꿈을 꾸었다.

성가대원 일부가 강단에서 내려와 밖으로 나가는 모습이 보였다. 그런데 남성은 하얀 두루마기를, 여성은 하얀 한복을 입고 있었다. 그때 한 여종이 내 앞으로 다가오더니, 뭣이라 한마디 하면서 옷매무시를 가다듬었다.

오후에 '큰 인자'라는 여종이 우리 교회를 보러 왔다. 그 여종이 나를 보고 다짜고짜 말했다.

"저는 사람을 보면 그 은사가 무엇인지 압니다. 목사님은 교육 목회를 하실 분이군요. 예컨대 세미나 강사나 책을 쓰는 작가로 성공할 것입니다. 제가 이 교회를 인수하면 강사님으로 모시겠습니다."

그 여종은 나보다 10살쯤 많은 독신이었다. 올해 초 교통사고로 하반신이 마비되어 보행이 상당히 불편했다. 안양에서 목회를 하고 있었으나 건물주가 건물을 비워달라고 하여 물색하던 중, 서너 명의 교인이 광명에 연고가 있어 우리 교회를 보러 왔다고 했다.

저녁에 파주 사는 누나 집을 심방하고 돌아왔다. 조카가 식음을 전폐하고 방문을 걸어 잠근 채 칩거하고 있었기 때문이다.

아파트에 도착하여 조카 방으로 들어가자 꿈쩍도 않던 아이가 벌떡 일어나 반갑게 인사했다.

"삼촌 오셨어요?"

"그래, 이제 씻고 예배드리자."

그러자 아이가 고분고분 순종했다. 그래서 은혜롭게 예배를 드리고 저녁 식사를 했다. 그때 그가 밥 한 그릇을 다 비워 모두를 놀라게 했다. (2006. 8. 6. 주일)

708. 열대야

후임자에게 보증금만 받고 교회를 인계할 경우 5개월 만에 6,000만 원 정도의 빚을 지게 된다. 그렇다고 해서 이대로 계속 있을 수도 없다. 나중에 개인 워크아웃을 신청하면서 보니 실제로 빚이 6,000만 원쯤 남았다. 그래서 62만 원씩 96개월 동안 나눠서 8년을 갚았다.

지난밤도 열대야로 잠 못 이루는 밤이었다. 오늘도 자정이 조금 지나 일어나게 되었다. 지칠 대로 지쳐서 바로 본당으로 내려가지 못했다. (2006. 8. 7)

709. 고기잡이

어느 한적한 곳에 강이 있었다. 물속 바위 위에 인어공주처럼 생긴 여인이 희미한 뒷모습을 보이며 앉아있었다. 미혹하는 자로 여겨져 물러가라고 소리쳤다.

그리고 그 강가에 있었다. 어떤 사람이 다가오더니 내 바로 앞에서 그물을 던져 고기를 잡기 시작했다. 그물은 계속 올라왔고 고기는 총총 달려 있었다. 내 앞에 놓인 플라스틱통에 고기가 가득 찼다.

그물은 계속 올라왔고, 그물 속의 고기도 여전히 많았다. 천하의 고기가 다 올라오는 듯했다. 그런데 그 고기들이 하나같이 생동감이 없었다. (2006. 8. 8)

710. 광명한 빛

일사천리로 끝날 듯이 보이던 과제가 무슨 까닭인지 지지부진하였다. 그때 하늘과 하늘 사이, 하늘 중간쯤에서 광명한 빛이 동쪽으로 급히 옮겨지는 모습이 보였다. 그 속도가 얼마나 빠른지 세상의 빛보다 훨씬 더 빨랐다. 순식간에 하늘과 땅이 맞닿은 지평선 꼭짓점에 이르렀다.

그때 나는 그 빛으로 무슨 충격을 받을 것으로 여겨져 숨을 죽이고 있었다. 하지만 아무 일도 일어나지 않았다. 오히려 그로 인해 어려운 문제가 해결되어 평화를 되찾을 듯했다. 이 모양 저 모양으로 얽히고설킨 일들까지 술술 풀릴 것으로 보였다.

그리고 어느 큰 교회에 '바르고 거룩한 진실'이라는 주의 종이 등단하여 주변을 살피는 모습이 보였다. 그는 예전과 달리 얼굴이 많이 그을려 외부에서 일한 듯했다.

그때 어떤 사람이 헐레벌떡 달려와 가까스로 자리를 잡는 모습이 보였다. 이어서 교회당 경비원으로 보이는 직원이 오더니, 사람들이 들어오면서 헌금한 돈을 집계하려고, 잠시 기도한 뒤 자기 점퍼 속에 그 돈을 넣었다.

새벽예배를 드리고 강단에서 내려와 기도하다가, 저 멀리서 성경책을 옆에 끼고 다가오는 건장한 종을 보았다. 그가 한 성도의 안내로 다가오더니, 내가 타고 있는 지프 운전석에 올라탔다. 그리고 뒷좌석에 앉아있는 내게 악수를 청했다. 그래서 나도 인사했다.

"반갑습니다. 임 목사입니다."

그때 나는 환상에서 돌아와 실제로 말하며 손을 내밀어 흔들었다. 그리고 그것이 묵상하면서 본 환상이라는 사실도 알고 있었다. 하지만 내 왼편과 앞에도 사람이 타고 있었으나, 그들이 누구인지는 알 수 없었다.

(2006. 8. 10)

711. 평가 결과

여종의 고향 인근에 빈집이 있다고 해서 내려가 보았다. 하지만 집이 허물어져 쓸 수도 없었고, 바로 앞에 대형 축사가 있어 여러모로 부적합했다.

새벽 1시경 교회에 도착하여 샤워하고 기도하러 강단에 올라갔다. 오랜 시간 운전으로 피로가 쌓여 금방 잠이 들고 말았다.

새벽예배를 드리고 기도하다가 잠시 환상을 보았다. 어느 도시 길거리에서 찬양하며 전도했다. 반응은 별로 없었으나 분위기는 상당히 고무되어 있었다.

그리고 우리 교회를 전문 컨설턴트가 방문하여 심층적으로 분석하는 모습이 보였다. 평가 결과가 그리 나쁘지만은 않다고 했다. (2006. 8. 11)

712. 부부싸움

금요기도회를 마치고 숙소로 올라가 잠자리에 들었으나, 철문을 두드리는 요란한 소리에 나가보니 전도사의 남편이었다. 시간을 보니 11시 반이었다. 술이 잔뜩 취해 있었다.

그는 지난 20년 동안 살면서 겪은 이야기를 2시간 동안 거침없이 쏟아냈다. 그런데 요즘 아내가 집안일은 쳐다보지도 않고 자신을 무시한다고 했다. 그러면서 전도사가 되면 다 그러는 것이냐고 물었다. 그리고 술이 어느정도 깨자 집으로 돌아갔다.

그가 돌아간 뒤 샤워하고 본당으로 내려갔다. 2시쯤 되어 교회당 철문을 두드리는 요란한 소리가 들렸다. 나가보니 전도사와 그 딸이 서 있었다. 왜 자기 남편에게 이런저런 얘기를 했느냐고 따지고 들었다. 그렇게 밤을 새웠다.

10시가 넘어 여종이 출근했다. 남편이 살림을 때려 부수고 나가면서 보따리 싸서 나가라고 했다는 것이다. 그래서 기도원으로 가야 할 형편이라고 했다.

처음에는 자주하는 부부싸움으로 생각하여 대수롭지 않게 여겼으나, 사태가 심각한 것으로 느껴졌다. 남편의 말을 듣지 않으면 맞아죽을지 모른다고 했다. 그가 술만 마시면 온 가족이 공포에 휩싸인다고 했다.

오후에 그의 딸을 데리고 그가 일하는 식당으로 찾아갔다. 그리고 전도사를 그만두게 할 테니, 후임자를 구할 때까지 2, 3일만 기다려달라고 했다. 그러자 의외로 쉽게 승낙했다. 그러면서 또 아내에 대한 그동안의 애로사항을 토로했다.

그리고 교회에 돌아와, 지금은 가정을 회복할 때라고 전도사를 타일렀다. 그것이 하나님의 영광을 가리지 않는 길임을 명심하라고 일러주었다.

(2006. 8. 12)

713. 축사기도

새벽기도를 마치자 전도사가 와서 말했다.

"어제저녁에 부서진 살림살이를 말끔히 치우고, 남편을 맞아 편안한 분위기 속에서 많은 얘기를 나눴어요."

그래서 그만하기 다행이라고 위로했다.

그리고 잠시 눈을 붙였다가 꿈을 꾸었다. 어느 주차장에 차를 세웠더니, 바로 이어서 대형 승용차가 비집고 들어왔다. 그 차가 크다 보니 내 차는 앞으로, 내 뒤차는 뒤로 밀려났다.

그러자 내 차 앞에 1대, 뒤에 2대가 일렬로 주차하게 되었다. 양쪽 벽에 꽉 낀 상태였고, 차와 차 사이의 간격도 거의 없어 꼼짝달싹할 수 없었다. 게다가 양 옆에도 차들이 일렬로 주차되어 있었다. 그야말로 진퇴양난이었다.

오후 찬양예배를 드리고 파주에 다시 갔다. 지난주에 가서 예배드리고 기도할 때보다 조카의 상태가 더 나빠졌기 때문이다. 심한 우울증으로 식음을 전폐하고 잠만 잔 지 10일째라고 했다.

그의 방에 들어가 그를 일으켜 세웠다. 역시 반갑게 인사하며 벌떡 일어났다. 그리고 조금 걸어 나오다가 갑자기 뒤로 벌렁 자빠졌다. 머리를 아래위로 심하게 흔들더니 괴팍한 소리를 질렀다. 눈알이 뱅글뱅글 돌면서 금방 튀어나올 듯했다. 그를 들어 침대 위에 눕혔다. 그렇게 요란을 떨던 아이가 죽은 듯이 가만히 있었다.

그래서 그 자리에서 예배를 드렸다. 소리를 높여 간절하게 통성으로 기도했다. 30분간 땀을 뻘뻘 흘리며 기도했다. 그리고 아이 누나에게 일러주었다.

"동생이 계속 음식을 먹지 않거든 일단 병원으로 데려가 보아라." (2006. 8. 13. 주일)

714. 천국의 꽃

어젯밤 10시부터 오늘 새벽까지 강단에서 기도하며 밤을 새웠다. 4층에서 자는 것보다 강단에서 기도하는 것이 오히려 편했다. 어딘가 모르게 늘 불안했기 때문이다.

그러고 보니, 우울증 증세를 보이며 식음을 전폐하고 있는 파주 조카 문제, 주사(酒邪)에 하루도 편할 날이 없다는 전도사의 가정 문제, 감당할 길이 없는 내 카드빚 문제, 교회당 인계 문제 등 산적한 현안이 너무 많았다.

새벽녘에 짧은 환상을 보았다. 희미한 십자가 아래 연붉은 꽃송이 3개가 있었다. 언뜻 보면 목단화 같기도 하였으나, 그 모습이 너무 신비하여 지상에서 볼 수 없는 천국의 꽃처럼 느껴졌다. (2006. 8. 14)

715. 주님의 뜻

정성껏 가꾼 옥상의 고추와 애기 토마토가, 실제와 달리 바싹 말라비틀어져 있었다. 더욱이 일부는 뿌리째 뽑힌 황량한 모습이었다. 안타까운 마음을 금할 수가 없었다.

그때 하늘을 우러러보니, 억새와 잡초가 무성하게 자라고 있었다. 온갖 사람들에게 짓밟히면서도 강인하게 자라는 그 모습이, 내가 정성껏 키운 채소와 확연히 대조되었다.

밤 11시 59분, 신경질적으로 철문을 두드리는 소리에 깜짝 놀라 일어났다. 주섬주섬 옷을 챙겨 입고 나가자 돌아간 듯 조용했다.

'하나님은 사랑의 손과 공의의 칼을 동시에 들고 계신다!'

"오, 하나님 아버지! 제가 잘못했습니다. 하나님의 법을 어긴 제가, 오히려 그 법에서 벗어났다고 떠들어댔습니다."

'위선을 청산하고 사랑을 실천하라!'

"오, 하나님 아버지! 제가 정말 잘못했습니다. 위선의 늪에 빠진 제가, 오히려 위선에서 벗어나 자유롭게 되었다고 지껄여댔습니다."

새벽 2시에 또 요란하게 철문이 두드려졌다. 전도사의 남편이 술에 잔뜩 취해 혀가 꼬부라진 상태로, 그것도 팬티만 입고 찾아왔다. 바지를 주었으나 입지 않았다. 다짜고짜 돈 1,000만 원을 주고 자기 아내를 매수하지 않았느냐고 물었다.

지난 2월, 딸의 대학 등록금이 필요하다고 부탁하여 400만 원을 빌려주었다고 했더니, 자기 가정이 깨어진 데 대해 교회가 책임을 지라고 했다.

여기 교회가 들어오면서 밤마다 교회에 가서 사니, 혼자 자는 사람의 입장을 바꿔 생각해보라고 했다. 70일간의 심야기도 때문으로 보였다. 그리고 하루속히 이곳을 떠나라고 했다. 그렇지 않으면 매일 와서 괴롭힐 것이라고 했다. 그리고 3시 반에 돌아갔다.

"오, 주여! 저를 용서하여 주소서. 이 모든 것이 주님의 섭리 아래 있음을 압니다."

안경을 닦다가 떨어뜨려 안경알이 깨어졌고, 구두칼을 잡았더니 박힌 못이 빠져나갔다.

"오, 주여! 깨어질 것은 깡그리 다 깨어지게 하시고, 뽑힐 것은 뿌리째 다 뽑히게 하소서. 제가 어찌 주님의 뜻을 거역하겠습니까?" (2006. 8. 15)

716. 이상한 징조

밤새도록 홍역을 치르고 나서, 세수하며 면도하다가 살갗을 베었다. 이제까지 없던 이상한 징조가 계속 이어졌다.

"이것이 무슨 일의 징조인지 주님은 아십니다. 오, 내 주여! 저를 용서하여 주소서. 제가 정말 잘못했습니다. 지금까지 은혜로운 사랑의 말씀만 전했으나, 이제부터 심판하시는 공의의 하나님을 전하겠습니다. 그리고 무엇보다도 먼저 제가 실천하겠습니다."

"목사님 어제 생전 처음으로 당했던 악몽. 마른하늘에 날벼락이라고. 다시 있어서도 안 되겠지만, 너무너무 죄송합니다. 내가 억지로 원했던 일이 아닙니다. 어려서부터 큰소리가 뭔지, 술이 뭔지, 고생과 아픔이 뭔지, 아무것도 모르고 살았습니다.

이 고통은, 제 인생 첫 단추가 잘못 끼워졌다고 느꼈을 때 비로소 알았지만, 믿음으로 극복하고 나의 십자가라 생각하며 살아온 결과가, 이제 이혼이라는 방법으로 다가오고 말았습니다.

내가 너무 미련했다는 것, 나 혼자 참음으로 가족이 평안을 찾는다면 희생해야지 하면서 살아왔지만, 순교까지도 각오한 이 딸을 불쌍히 여기사, 온전한 길로 인도하실 것이라 생각합니다.

길이 아니면 가지 말고, 말이 아니면 하지 말아야 함에도, 깨닫지 못하고 참고 당하고 사는 모습에서, 이제 주님께서 숨 좀 쉬도록 끌어내주신 것으로 생각됩니다.

인내하지 못하고 내가 억지로 선택했다면, 이렇게 빨리 급하게 오지는 않았을 겁니다. 하나님 아버지께서도 말씀하셨고, 갑자기 21일 다니엘 기도를 주신 것도 우연이나 운명이 아니라, 다 하나님의 섭리라고 생각합니다.

8월 말일 자로 교회나 가정 모든 문제가 끝날 것이라 생각합니다. 이렇게 큰일들이 있기에 슬기롭게 대처하라고 급한 기도를 시키신 우리 주님 너무너무 감사합니다.

암튼 끝까지 성령님의 세밀한 음성을 들으며 영적으로 분별하고 나갑시다. 다시 한 번 목사님께 말씀드리지만, 인간적 생각으로 이 방법을 택한 것이 절대 아니라는 사실을 알아주세요.

다만 주님께서 허락하시면 그 어디든 술이 없는 세상에서, 주님이 기뻐하시는 길이라면 이 생명 다할 때까지 감사하므로 헌신할 거예요.

낙담과 절망은 마귀가 주는 것입니다. 분초마다 성령님의 도우심을 받아 끝까지 기도합시다. 목사님을 훌륭한 목회자로 만드는 과정에서 불가피한 일인가 봅니다. 아무튼 죄송하고요. 끝까지 힘내시고요. 기도, 기도합시다." (2006. 8. 16)

717. 사면초가

며칠 전 보았던 환상이 계속 이어졌다. 어느 주차장에서, 내 차 앞에 한 대, 뒤에 한 대가 서 있었다. 그때 내 차 뒤에 큰 차가 비집고 들어와 내 차는 물론, 내 앞과 뒤의 차까지 빠져나가기 어렵게 되었다.

그래서 내 앞차와 뒤차가 양쪽 벽에 달라붙어 버렸다. 일렬 주차된 차 네 대가 모두 꼼짝달싹할 수 없게 되었다. 게다가 우리 차선뿐만 아니라, 양옆 차선도 차가 네 대씩 주차되어, 모두 열두 대가 숨 막히게 세워졌다.

그러고 보니 내 차와 바로 뒤의 큰 차는, 그야말로 전후좌우 사방팔방이 꽉 막혀 사면초가의 신세가 되었다. 정말 갑갑하기 그지없었다.

"오, 주여! 너무 답답합니다. 제 차가 빠져나갈 수 있도록 길을 열어주소서."

그때 주님의 마음이 내 심령을 어루만지셨다.

"사방이 막혔으면 위로 올라가면 되지 않겠느냐?"

"오, 주여! 정말 그렇군요. 위로 들림 받으면 되겠네요. 하지만 제가 무슨 수로 그렇게 하겠습니까? 저를 도와주소서."

"한 달에 한 대씩 옆으로 밀려나지 않느냐? 다섯 달이 되면 네 차도 밀려나갈 것이다."

"오, 주여! 그러고 보니 정말 그렇습니다. 오늘로써 꼭 다섯 달째입니다. 집세와 사례금이 5개월분 나갔습니다. 내일이면 여섯 달이 됩니다. 이제 곧 제 차가 옆으로 밀려 나갈 것입니다. 감사합니다. 주님! 할렐루야!"

"주여! 저는 아무것도 가지고 오지 않았습니다. 그리고 아무것도 가지고 가지 못합니다. 먹을 것과 입을 것이 있으면 그것으로 충분합니다."

"오, 주님! 결국은 카드대금 600만 원을 막지 못했습니다. 23일 도래하는

1,000만 원도 갚지 못할 것 같습니다. 이렇게 저도 신용불량자가 되는 건가요? 아닐 것입니다. 이제까지 이렇듯 지켜주신 하나님께서 어떻게든 다시 구원해주시리라 믿습니다." (2006. 8. 17)

718. 주님의 저울

어제저녁 6시부터 오늘 아침 9시까지 강단에서 기도하고 내려왔다. 특히 새벽예배를 드리고 4시간 동안 이어진 회개로 마음이 한결 가벼웠다.

전주에서 올라온 권사님이 3박 4일간 철야하며 우리 교회를 위해, 특별히 나를 위해 기도해주었다. 정말 큰 힘이 되었다. 하나님께서 보내주신 기도의 용사가 분명하였다.

"하나님 아버지시여, 제가 진심으로 바라는 바는, 이 자리에서 이렇게 기도하다가 죽는 것입니다. 여기서 저를 죽여주소서. 사방 천지를 둘러보아도 빠져나갈 길이 없습니다. 제 마음대로 교회를 개척했다가 철저하게 실패하였습니다.

게다가 정말 이해하기 힘든 죄까지 지었습니다. 이런 죄인이 어찌 주님의 종이라 일컬음을 받을 수 있겠습니까? 정말 부끄럽기 짝이 없습니다. 이제 이 교회를 이끌 후임자를 보내주소서. 저는 주님의 저울에 달려 함량이 미달하였습니다. 저를 긍휼히 여겨주소서."

오후 늦게, 은행 마감 시간 직전에 청약저축 약관대출 등으로 카드대금 600만 원을 가까스로 막았다. 그리고 돌아오다가 노회에서 우리 교회를 방문한다는 연락을 받고 그들을 맞아들였다. (2006. 8. 18)

719. 사랑의 심판

기도하면서 보니, 내가 앉은 좌측 머리 위, 곧 동녘에서 햇살 같은 빛이 좍 쏟아져 내렸다. 주변의 흑암이 순식간에 물러갔다.

하나님의 손길은 사랑과 긍휼 그 자체였다. 하지만 그때까지 나는, 하나님의 손에 사랑의 심판과 긍휼의 채찍이 동시에 들려있다는 사실을 몰랐다. (2006. 8. 19)

720. 회개기도

어제저녁 6시부터 시작된 회개기도가 오늘 새벽 6시까지 12시간 동안 이어졌다.

"오, 내 주여! 이 부족한 종에게도 맡기신 달란트가 있고 일할 수 있는 은혜를 주셨다면, 주님의 말씀을 전할 수 있도록 허락하소서. 여기서의 은혜는 이것으로 족합니다.

그동안 저는 사사로운 욕심에 사로잡혀 있었습니다. 마치 무슨 사업가가 기업체를 경영하듯이, 그렇게 주님의 교회를 농단했습니다. 무슨 승부수를 띄운다고 하면서 거들먹거렸습니다. 오만불손한 태도가 하늘을 찔렀습니다.

만일 이렇게 실패하지 않았다면, 이 부족한 종이 회개할 기회마저 놓칠 뻔했습니다. 어쩌면 더욱 교만하여 구원의 대열에서 이탈했을 수도 있습니다. 사실 이 심판은 하나님의 사랑이자 긍휼이었습니다.

혹시 저에게도 아직 희망이 있고, 그 희망의 나래를 펼 수만 있다면, 이 빚을 다시 한 번 갚아주십시오. 한 번만 더 길을 열어주십시오."

"그렇다면 우선 복음을 전할 자료를 준비하고, 그에 따른 능력을 배양하라."

"제목은 무엇으로 할까요?"

"'여기 좋은 소식이 있어요!'라고 하라"

"그러면 제게 무슨 말씀을 주시겠습니까?"

"어느 누구와도 다투지 말고 책망하지 마라."

"아멘. 주 예수여! 저에게 새 힘을 주십시오."

그 와중에서도 주님이 크고 놀라운 일을 행하셨다. 주일예배와 찬양예배 사이에 새 신자 성경공부를 마친 형제자매 4명이 기뻐하며 영접기도를 드렸다. 하나님께서도 크게 기뻐하셨다. (2006. 8. 20. 주일)

721. 용서의 미학

악몽 같은 한 주간이 지나갔다. 그 어떤 말로도 표현할 수 없는 모욕과 수치를 당했다. 그때 예수님이 당하신 마지막 고난 주간이 생각났다. 주님의 고난에 동참했다는 생각이 들어 하나님께 감사드렸다.

그동안 너무 시달리고 지친 나머지 어제부터 오늘까지 강단에 쓰러져 일어나지 못했다. 식음을 전폐하고 기도했던바 기진맥진했다. 이러다가 정말 강단에서 죽을 수 있다는 생각이 들었다. 그러나 하나님께서 새벽에 새 힘을 주셨다.

'내가 결코 너를 떠나지 않고 버리지 않겠다.' (히브리서 13. 5)

이 말씀을 받는 순간 새 힘이 솟아나 자리를 박차고 일어났다. 그리고 오늘 주보를 만들고 말씀을 준비했다.

교회창립 후 어제 처음으로 교회당 청소를 하지 못했다. 전등을 켜고 반주기를 틀어 예배드릴 준비를 하고 있을 때, 하나님의 도구로서 악역을 맡은 그가 30분 전에 미리 와서 자리를 잡고 앉았다.

"아니, 저 원수가 오늘 예배까지 망치려고 왔는가? 정녕 클라이맥스를 장식하려는 것인가?"

한편으로 크게 염려되었으나 성령님의 힘이 강하게 나를 붙잡았다. 죽으면 죽으리라는 각오를 다질 때, 그 어떤 일도 능히 감당할 수 있다는 믿음이 솟아났다.

원수와 함께 예배드리자 더욱 은혜가 되었다. 하나님께 진심으로 감사드렸다. 파주 누나와 조카딸 등 우리 가족이 준비한 점심이 더욱 풍성했다. 그런데 참으로 놀라운 사실은, 그가 예배시간 내내 몸을 움찔움찔하며 은혜를 받았다는 것이다.

하지만 점심 식사를 마치고 경찰이 2번이나 출동하는 불상사가 일어났다. 그가 우리와 오찬을 거부하고 나가더니, 술을 잔뜩 마시고 돌아와 행패를 부렸던 것이다.

그래서 결국은 찬양예배를 드리지 못하고 교회를 나오게 되었다. 그때 함께 예배드린 엄 목사님이 말했다.

"아무래도 당분간 피하는 게 좋을 듯합니다."

이후 그 목사님에게 교회를 맡기고 양평에 있는 기도원으로 들어갔다. 나중에 이사할 때도 파주 누나와 조카들을 대신 보냈다.

이렇게 해서, 지극히 인간적인 생각과 방법으로, 졸지에, 졸속으로 시작한 교회 개척은, 6개월 만에 사랑과 용서라는 하나님의 절묘한 미학(美學)으로, 짧지만 긴 대단원의 막을 내리게 되었다.

그리고 나는 다시 쓸쓸한 광야로 나갔다. (2006. 8. 27. 주일)

- 이어서 『예스 5, 광야의 단비』가 계속됩니다. -

메슨 1,

휴먼 드라마

제1편 **인간 이야기**

제2편 **모정의 세월**

제3편 **숙고의 시간**

제4편 애증의 물결

제5편 무지개 은혜

예도 2,
소망의 불씨

제6편 새로운 시작

제7편 죄인의 초대

제8편 소망의 불씨

제9편 쇠잔한 영혼

제10편 절망을 딛고

메모 3,

밀알의 소명

제11편 끝없는 시련

제12편 길은 어디에

제13편 **도피성 예수**

제14편 **밀알의 소명**

제15편 눈물의 기도